Kaspar Braun

Das Landwehrzeughaus in München

Kaspar Braun

Das Landwehrzeughaus in München

ISBN/EAN: 9783743676534

Hergestellt in Europa, USA, Kanada, Australien, Japan

Cover: Foto ©ninafisch / pixelio.de

Weitere Bücher finden Sie auf **www.hansebooks.com**

Das

Landwehr-Zeughaus

in München

von

Kaspar Braun.

Flüchtiger Blick in die Vorzeit Münchens.

Die alte bayerische Kriegsordnung verpflichtete nicht nur den Adel und die Hofbediensteten, sondern auch insbesondere die Bürger der Städte zur Kriegeshülfe. Erstere bildeten „den reisigen Zeug" oder die Reiterei, während Letztere den eigentlichen Kern des Fußvolkes ausmachten, an welchen die Landfahnen und Söldner sich anschlossen, wann der Herzog sein Volk zu den Waffen rief. Neben dem Adel war zunächst durch den Bürgerstand die eigentliche Wehrkraft des Volkes vertreten, denn in jener Zeit, wo jeder freie Mann es als eine Ehre und ganz natürliche Verpflichtung erachtete in Tagen der Gefahr für sein Vaterland und dessen Wohlfahrt sich mit der Wehre zu umgürten, gab es noch keinen Soldatenstand, als solchen — dieser ist erst eine Erfindung des sechzehnten Jahrhunderts.

Jene alte Kriegsverfassung war dem alt = germanischen Heerbanne verwandt, von welchem sie sich jedoch dadurch unterschied, daß, während in dem Heerbanne nur allein der freigefeffene Mann die Waffen trug, hier nicht nur die Söhne sondern auch die Gehilfen und Knechte an der Kriegesarbeit theilnahmen.

Der Begriff Bürger und Wehrmann war unzertrennlich, und man betrachtete das Tragen der Waffe als ein Recht und eine Ehre, denn sie war nach altem deutschen Brauche das Zeichen eines freien Mannes. Es war das die Zeit wo Deutschland groß war; geachtet ob der Tugenden seiner Fürsten, und gefürchtet ob des Heldenmuthes seines Adels und der Wehrkraft seiner Bürger.

Daß die Kriegskunst damals viel einfacher war, liegt in der Natur der Sache; aber gerade deshalb war persönlicher Muth und Tapferkeit in höherer Geltung.

Man nimmt gemeiniglich das Jahr 1158 als dasjenige an, in welchem zuerst der Stadt München erwähnt wird. Daß sie damals ein noch wenig bedeutender Ort war, ist bekannt, sowie, daß sie ihre erste namhafte Vergrößerung und Erweiterung dem Herzoge und nachherigen Kaiser Ludwig zu danken hat, welcher auch die Münchener veranlaßte, ihre Stadt zweckmäßiger zu befestigen und mit einer doppelten Mauer zu umgeben.

Wie in allen größeren Städten waren die wehrhaften Bürger der Stadt München anfänglich nach Zünften eingetheilt, von denen eine jede ihr eigenes Panier führte. Unter ihm fochten jedoch nicht allein die Handwerksmeister, sondern, wie oben erwähnt wurde, auch deren Söhne, Gehilfen und Knechte; ja diese hatten wohl zuweilen sogar ihre eigenen Feldzeichen, wie Beispiels halber die Beckenknechte an dem heißen Tage von Ampfing, den 28. Sept. 1322, welche sich an jenem blutigen Tage ganz vorzüglich um die Rettung des Kaisers verdient gemacht hatten. Es war dies in dem

entscheidenden Augenblicke, wo die Bayern von den Oester=
reichern zurückgedrängt wurden, und der Kaiser selbst ins
Handgemenge gerathen war.

Nachdem die Schlacht endlich siegreich für Ludwig ent=
schieden war, erinnerte er sich dankbar seiner Helfer in der
Noth — und ließ nicht der Beckenzunft — sondern den
Beckenknechten, an der sogenannten Hochbrücke im Thale,
wo diese allsonntäglich unter einer alten Linde ihre Ver=
sammlungen hielten, ein Haus bauen, bewilligte ihnen die
Errichtung einer Bruderschaft zu Ehren unserer lieben Frau,
und ertheilte ihnen das Privilegium den Adler in ihrem
Paniere führen zu dürfen.

Im Verlaufe der Zeit wurden in der Kriegsordnung
unserer Stadt mehrfache Veränderungen getroffen, die dahin
gingen, daß man zwar die Abtheilung in Zünften bestehen
ließ, dieselben jedoch vier Hauptmannschaften, nach den vier
Vierteln der Stadt, unterordnete.

Obgleich die Münchener Bürgerschaft sich schon früh=
zeitig, namentlich am 9. Nov. 1313 in der Schlacht bei
Gammelsdorf, gegen die Oesterreicher und den niederbayeri=
schen Adel und später in der Kaiserschlacht bei Ampfing am
28. Sept. 1322 durch ihre Tapferkeit auf das vortheilhaf=
teste ausgezeichnet und mit Ruhm bedeckt hatte, so scheint
doch erst das Ende des vierzehnten und der Anfang des fünf=
zehnten Jahrhunderts der Zeitraum zu sein in welchem das
Kriegswesen der Stadt München zu dem Höhepuncte seiner
Ausbildung gelangte.

Die nächsten Veranlassungen hiezu gaben eines Theils
die Unruhen in der Stadt München, wo der alte Rath,
bisher lediglich aus den Gliedern der Patricier Familien
bestehend, entsetzt, viele der Letzteren vertrieben und (1397)
mehr bürgerliche Elemente in den neuen Rath eingeführt

wurden, anderntheils die fortwährenden Familienkriege der bayerischen Fürsten, in welchen blühende Orte zerstört, Felder verwüstet, und das Unglück des Krieges über das ganze Land verbreitet wurde. Waren die Städtebewohner durch den corporativen Geist der Zünfte zu dem Bewußtsein ihrer Kraft und zu dem Verlangen nach bürgerlicher Gleichstellung sowie zu dem Gefühle der Gleichberechtigung an der Theilnahme in der Verwaltung des städtischen Gemeinwesens gekommen, so wurden sie durch die Unsicherheit in den fortwährenden Kriegen gebieterisch aufgefordert, ihre ganze Kraft zum Schutze ihres Eigenthums, ihrer neuerrungenen Freiheiten und ihrer Gesammtwohlfahrt aufzubieten.

Während dieser Fürstenfehden wurde die Stadt München unvermeidlich zur Theilnahme bald für die eine, bald für die andere der streitenden Partheien gedrängt, und fortwährend zur Ausdehnung und Vervollkommnung ihrer Kriegsmittel genöthigt, worauf insbesondere die Einführung der neuen Feuerwaffen einen bedeutenden Einfluß hatte.

Vorzüglich die Städte waren es, die dieser neuen Kriegführung ihre Aufmerksamkeit zuwendeten; und wir sehen, daß schon im Jahre 1372, als die Herzoge Johann und seine Brüder, die Herzoge Stephan und Friedrich die Stadt Augsburg belagerten, um sie wegen der Zerstörung von Friedberg zu züchtigen, die Augsburger ein so wirksames Feuer aus ihren neugegossenen Stücken auf die Belagerer abgaben, daß diese genöthigt wurden, die Belagerung aufzuheben.

Daß aber die Stadt München ebenfalls nicht zurückblieb, dafür finden wir den Beweis in dem Umstande, daß die Münchener im Jahre 1405 in der Fehde des Herzogs Ernst gegen Ulrich Muracher, den Schenken von Flügelsberg bereits eine Feldartillerie mit sich führten, welche Georg Holzhäuser commandirte, während die Schützen von Hans Lappel befehligt wurden.

Im Jahre 1410 sehen wir die Münchener schon wieder auf einem neuen Kriegszuge. Um ihr rechtmäßiges Erbe wieder an sich zu bringen, waren die Herzoge Ernst und Wilhelm in Tirol eingefallen; auch Herzog Ludwig hatte sich ihnen angeschlossen, und der Münchener Stadtrath letzterem das Geld dazu vorgeschossen.

Die Münchener Heeresabtheilung befehligte der Stadthauptmann Heinrich Barth; unter ihm standen der Schützenmeister Hans Tümlinger und Ulrich der Büchsenmeister mit zwei Kanonen. Sie belagerten die festen Schlösser Matzen, Freundsberg und Tratzberg; kehrten jedoch bald wieder heim, als am Himmelfahrtstage ein Waffenstillstand abgeschlossen wurde.

Ihre größte kriegerische Thätigkeit sollten jedoch die Münchener in jenem großen Kampfe entfalten, als Herzog Ludwig der Gebartete mit dem niederbayerischen Adel die Lande der oberbayerischen Herzoge mit Krieg überzog und Mord und Brand und jegliches Unglück in alle Gauen und Thäler verbreitete. Es war eine schwere Zeit. Jede Nacht röthete sich der Himmel von den Feuersäulen der brennenden Dörfer. Beide Partheien zogen vor die festen Plätze ihrer Gegner, belagerten und zerstörten dieselben.

Der Münchener Hauptmann Hans Barth zog vor Landshut — der Patricier Rudolph vor Aibling und Hauptmann Bartholomäus Schrenk mit dem Büchsenmeister Danz, Kanonen und Kriegsmaschinen vor das Schloß Schwaben. Die Feste ward hart bedrängt, als jedoch die Leitern zum Sturm angelegt wurden, ergab sie sich und wurde mit Schützen aus der Stadt besetzt. Ludwig Riedler berannte die Schlösser an der Glon mit einer anderen Abtheilung der Münchener

Stadtwehr. Insbesondere aber litt in diesem unseligen Kriege die Lechgegend, welche durch Peter von Stumpfsberg, den Marschall Ludwig des Bärtigen von Friedberg aus gräulich verheert wurde.

Um diesem Unfuge ein Ende zu machen, zogen die Münchener zu Anfang des Jahres 1422 mit gewaltiger Kriegsrüstung vor Friedberg.

Unter anderen Kriegsmaschinen führten sie auch eine große Kanone oder Donnerbüchse mit sich, die sie die Stächlerin nannten.

Herzog Wilhelm leitete die Belagerung persönlich; da sich diese jedoch verzögerte und nicht recht vorwärts gehen wollte, wurden die Münchener Bürger ungeduldig. Die Hauptleute der vier Viertel, Hans Barth, Lorenz Schrenk, Franz Tichtel und Hans Pütterich drangen in den Herzog und verlangten einen Hauptsturm.

Sie schrieben an den Rath zu München: „er solle ihnen schnell eine städtische Sturmfahne schicken mit dem Münich, daß sie desto lieber anlaufen möchten."

Dies geschah. Der Tag zum allgemeinen Sturm brach an. Unter anderem Kriegsgeräthe hatten die Friedberger ein Antwert — den „Teufelszagl" mit dem langen Schwengel auf ihrer Mauer aufgestellt, das den Stürmenden großen Schaden und Abbruch that; mit dem Degen in der Faust ward die Stadt trotz des heftigsten Widerstandes von Seite der Besatzung, erstiegen, und das Münchener Stadtbanner wehte siegreich von den Mauern. Bei diesem Sturme hatte sich unter anderen ein Knecht Namens Martin besonders dadurch ausgezeichnet, daß er die oben erwähnte Kriegsmaschine „den Teufelszagl" von der Mauer in die Tiefe herabgestürzt hatte, weshalb er auch vom Rathe der Stadt eine besondere Belohnung erhielt.

Aber Ludwig der Bärtige sann auf Rache und beschloß einen entscheidenden Schlag gegen die Hauptstadt seiner beiden Vettern Ernst und Wilhelm auszuführen. Er befahl einem seiner bewährtesten und kühnsten Feldhauptleute, dem Hans Wessenacker mit 700 geharnischten Reitern aufwärts gegen den Würmsee zu ziehen, von dort aus durch die Wälder zu streifen und die Stadt unversehens zu überfallen, während er, der Herzog selbst mit dem Hauptheere langsam gegen die Stadt vorrückte. Bis zum frühen Morgen des Quartemberſamſtages 19. Sept. 1422 hatten die Münchener gar keine Ahnung, welche Gefahr sie so nahe bedrohe.

Aber der Wessenacker vermochte es nicht zu verhindern, daß seine wilden Reisigen beim Aufbruche von Gauting das Dorf in Brand steckten.

Der aufzuckende Feuerschein verkündete den Thürmern von München die Nähe des Feindes. Alsbald ertönten die Sturmglocken, und in allen vier Stadtvierteln wurde die Bürgerſchaft aufgemahnt.

Es war Morgens 5 Uhr. Die Herzoge Ernst und Wilhelm sowie der junge Prinz Albrecht hörten die Frühmesse, während die Viertelshauptleute, Barth, Schrenk, Pütterich und Tichtl, die Erstürmer von Friedberg, die herbeieilenden Bürger sammelten und ordneten. Unter Trommelwirbel und Trompetenſchall zog alles rüſtige Volk von den sieben und dreißig Zünften, Jung und Alt, Arm und Reich, Fromm und Böse, den Thoren zu.

Als die Herzoge aus der Kirche traten, schwuren sie vor dem sie umdrängenden Volke diese Unbild zu rächen, und der junge Prinz Albrecht kaum erst 22 Jahre alt, aber von kindlicher Liebe zu seinem Vater beseelt, bat, in den Kreis der geharnischten Ritter tretend: heute, in dieser Gefahr seine erste Waffenprobe ablegen zu dürfen.

Jauchzend begrüßte diesen ritterlichen Entschluß das bewaffnete Volk, dessen Muth sich dadurch bis zur Begeisterung entflammte.

Indessen war Wessenacker bis in die unmittelbare Umgebung der Stadt herangekommen, und gedachte in schnellem Anprall das Angerthörlein zu überfallen. Aber er hatte sich verrechnet.

Mit einem Hagel von Geschossen jeder Art von den Mauern herab wurden seine in wildem Ungestüm daher stürmenden Geharnischte empfangen, zu gleicher Zeit stürzten ihm die um ihr Panier geschaarten Geschlachtgewandtner entgegen, Zünfte um Zünfte drängten sich heraus aus den Zwingern und umringten die Reisigen mit einem Walde von Schwertern und Helleparten, deren gewaltigem Andrang Wessenacker keinen wirksamen Widerstand zu halten vermochte und sich flüchtig auf das Hauptheer zurückzog.

Die Münchener folgten ihm auf dem Fuße nach. Auf den Feldern von Hoflach und Alling geschah der Zusammenstoß. Der Angriff erfolgte beiderseits mit der größten Erbitterung. Dem Bürgermeister Sitzinger, Weinwirth auf dem Rindermarkte, ward das Pferd unter dem Leibe erstochen.

Der junge Herzog Albrecht selbst kam in dem fürchterlichen Handgemenge in Todesgefahr. Schon hatte ein verwegener Kerl ihn vom Pferde gerissen und setzte alles daran, ihn lebendig oder todt in seine Gewalt zu bringen; der alte Herzog Ernst ersieht die Gefahr, in der sein Sohn schwebt, das Schwert in der Faust macht er sich Bahn bis zu seinem mit den letzten Kraftanstrengungen ringenden, geliebten Kinde und ein gewaltiger Streich spaltet das Haupt des kecken Gesellen, der den jungen Herzog schon um den Leib gefaßt hat. Mit jedem Augenblicke wächst das Getümmel der

Schlacht. Schon ermüden die Streiter Ludwig des Bärtigen, schon fliehen einzelne dem Biburger Walde zu, ihnen folgen immer mehrere. Das Glück neigt sich auf die Seite der Münchener, was nicht flieht oder sich nicht auf Gnade und Ungnade ergibt, wird niedergestochen und erschlagen.

Weithin bedeckten die Leichen der gefallenen Herren und ihrer gedungenen Knechte das blutige Schlachtfeld. Aber auch über achtzig große Herren und gegen dreihundert Ritter waren gefangen genommen. Es war diese Schlacht von Alling wohl eine der glänzendsten Waffenthaten, welche die Bürger von München ausgeführt haben; und noch bis auf den heutigen Tag ist das Andenken an dieselbe bewahrt in dem Privilegium der hiesigen Geschlachtgewandtner (Tuch= macher), die sich an diesem heißen Tage so heldenmüthig ausgezeichnet hatten, in dem Vorrechte nämlich — alle Bürger= aufzüge eröffnen zu dürfen; wie wir es alljährlich noch z. B. bei der hohen Fronleichnamsprocession zu sehen Gelegenheit haben.

Die großen Kriege ihrer Herzoge waren es jedoch nicht allein, sondern insbesondere auch eine Menge kleiner Fehden mit dem benachbarten Landadel, welche die Münchener zwan= gen, fortwährend ihre Waffen und ihr Kriegsgeräthe in guter Bereitschaft zu halten.

Ritter Gebhard von Kammer zu Hohenkammer scheint wohl einer der gefährlichsten Feinde der Stadt gewesen zu sein. Nach dem Tode seines Vaters kam es wegen einer Geldforderung, über die man sich nicht einigen konnte zur Befehdung.

Der von Kammer besaß zwischen Murnau und Eschen= lohe ein Schloß, die Schaumburg, dessen Besatzung für die vorüberführende Handelsstraße und die Floßfahrt auf der Loisach sehr gefährlich wurde.

Der Rath von München beschloß daher sich desselben zu bemächtigen. Die Hauptleute Bartholomäus Barth, Schrenk und Heinrich Barth wurden mit dem Vollzuge dieses Beschlusses betraut.

Mit einer sehr ansehnlichen Streitmacht — sie führten außer den Kanonen, acht Kriegsmaschinen, welche der Meister Jakob leitete, mit sich — zogen sie 1414 vor die Schaumburg. Allein die Sache war nicht so leicht — man focht mit großer Hartnäckigkeit; die Münchener verloren sogar eine Kanone, die in dem dortigen tiefen Moose versank, und erst nach einer Belagerung von elf Wochen gelang es der Feste Meister zu werden, worauf sie bis auf den Grund zerstört wurde.

Hiemit war die Sache jedoch nicht abgemacht. Gebhard von Kammer war über die Zerstörung seiner Schaumburg so erbittert, daß er sofort Mordbrenner aussandte, um die Stadt München in Flammen zu setzen. Allein die Wachsamkeit der Münchener verhütete diesmal das Unglück und erst im Jahre 1427 gelang es ihm einen Brand zu legen, der das Rathhaus, das Spital, die Hälfte des Thales und einen Theil der Stadtmauer verzehrte. — Endlich nahmen sich die Herzoge und die Landschaft der Sache an, und der Handel ward, nachdem in Freising, Vohburg und Dachau vielfache Zusammenkünfte stattgefunden, schließlich geschlichtet.

Eine andere Fehde war die mit dem Rückhofer von Rückhofen.

Im Jahre 1428 schickte er einen Absagebrief an die Stadt, worauf der Rath sofort einen Boten nach Wien sendete, um die Münchener Bürger, die gerade daselbst sich aufhielten, vor dem Rückhofer zu warnen, der an drei verschiedenen Orten ihnen auflauerte. Um jedoch recht sicher zu gehen, schickte der Rath noch einen zweiten Boten auf einem anderen Wege hinab, für den Fall, daß der erste aufgefangen würde. Sie kamen auch alle glücklich nach München zurück, bis auf den Eckler, der wirklich in des Rückhofers Hände fiel. Unterdessen wurde Ulrich Liebhart mit einer Abtheilung Reiter der Münchener Bürgerwehr abgesendet um diesen Ritter vom Stegreife aufzuheben. Als die Münchener mit ihm zusammentrafen, verließ den Rückhofer der Muth, er wandte sein Pferd um und suchte sich durch die Flucht zu retten. Allein der Liebhart setzte ihm nach, erreichte ihn und stach ihn vom Hengste.

Diesem Handel muß man in der Stadt München eine große Bedeutung gegeben haben, denn der Liebhart erhielt, ob dieser ehrbaren, männlichen That vom Rathe der Stadt drei und ein halbes Pfund Silber zum Geschenke.

Ein anderer Ritter, Hartl Nanninger von Ranning, fügte der Stadt im Jahre 1433 mit seinen vielen Helfern, Schalken und Buben großen Schaden zu. Nach der Kriegsmethode der damaligen Zeit schickte auch er Mordbrenner aus, um seine Gegner zu bedrängen.

Am ersten Mai 1434 gelang es ihm wirklich eine furchtbare Feuersbrunst anzustiften, welche einen großen Theil des Kreuz- und Hackenviertels zerstörte. Es scheint nicht als ob man diesem Bösewicht, der fortfuhr die Münchener Bürger zu fangen und zu berauben, viel anhaben konnte. Erst im Jahre 1438 wurde die Stadt von diesem Uebelthäter befreit, indem Wilhelm von Rechberg denselben gefangen nahm und in Eisen und Banden schlug.

Die Dankbarkeit der Münchener zeigte sich hier in einer ganz besonderen Weise — denn der hohe Rath verehrte dem

Rechberg für diesen ersprießlichen Dienst, den er der Stadt geleistet — einen Jagdhund.

Es liegt in der Natur der Sache, oder vielmehr in dem Charakter der damaligen Zeit, daß solche Fehden, häufig wie man zu sagen pflegt, vom Zaune gebrochen wurden und oft in gemeinen Straßenraub ausarteten. Die Stadt München that ihr Möglichstes, diesem Uebel entgegen zu treten und es auszurotten. So ward der Patricier Riedler nach Pfaffenhofen geschickt, um den Wilhelm Auer, der auf der Straße nach Augsburg den Karrer Klaus niedergeworfen und ihm 400 Ducaten genommen hatte, aufzuheben. Riedler fing ihn und der Auer ward enthauptet.

Im Jahre 1439 wurden die Münchener schon wieder genöthigt einen Kriegszug zu unternehmen.

Der Markgraf Hans von Oettingen, Verbündeter und Freund des alten Herzogs Ludwig im Bart, ging damit um, mit 600 Reisigen ins Land zu fallen. Der Hauptmann Lorenz Schrenk wurde mit dem Viertheil der Bürgerschaft, 53 Reitern und dem ganzen Zeug an den Lech ihm entgegen geschickt. Als der Oettinger den Ernst gewahrte, zog er sich zurück und der Einfall unterblieb.

Zwischen Herzog Albrecht und dem alten Ludwig im Barte hatte sich ein neuer Streit erhoben.

Albrecht verlangte, daß die Stadt München dem alten Herzog Ludwig absagen und den Stadthauptmann Wildbrecht mit seinem Kriegsvolk aussenden sollte, um die Stadt Neuburg, den letzten Zufluchtsort des unruhigen Herzogs, einzunehmen. Allein diesmal weigerten sich die Münchener, Herrn Albrecht Folge zu leisten. Ihre Abgeordneten, der Ludwig Riedler, Ligsalz, Pütterich, Zwenger und Geiger, erklärten dies dem Herzoge sehr entschieden, und dieser gab auch insofern nach, daß er von seinem Ansinnen abstund. Uebrigens nahmen sie doch — wenn auch nicht gegen Herzog Ludwig persönlich — an diesem Kriege in so ferne Antheil, als sie den Hauptmann Schrenk nach Friedberg entsendeten, um es zu belagern. Allein diesmal kam es nicht so weit, und die Stadt ergab sich.

Hauptmann Ligsalz aber zog vor das feste Schloß Schwaben, welches sich länger vertheidigte. Das Belagerungsgeschütz welches die Münchener mit sich führten, war so schweren Calibers, daß die Isarbrücke unterstützt (unterbölzt) werden mußte, als es darüber gefahren wurde.

Vor Schwaben ging es scharf her. Viele Münchener, darunter ein Ramsauer, Nieger, Liebhard und Gabler, wurden verwundet.

Um der Sache ein Ende zu machen bereitete Ligsalz einen Hauptsturm vor. Er ließ eine Menge Sturmleitern verfertigen und der Zimmermeister Hans Karst baute große Maschinen, mit denen man die Kriegsmänner in großen Löffeln über die Gräben und Mauern in die belagerte Feste heben konnte, und eben solche Brücken um in derselben Art auf die Mauern zu kommen. Als die Besatzung von Schwaben diese ernstlichen Anstalten bemerkte, hatte sie keine Lust, es auf einen Hauptsturm ankommen zu lassen, und übergab die Feste mit Accord (mit Taiding) an den Hauptmann Ligsalz.

Während dieser kriegerischen Ereignisse in der ersten Hälfte dieses Jahrhunderts hatte sich das Kriegsmaterial der Stadt so sehr vermehrt, daß der hohe Rath derselben sich veranlaßt sah, im Jahre 1431 neben dem Stadthause, laut Saalbuch vom Jahre 1443, ein eigenes Büchsenhaus oder Büchsengewölbe zu erbauen, in welchem die Kanonen, Kriegsmaschinen und sonstiges Kriegsgeräthe verwahrt wurden. Allein es scheint, als ob das neugebaute Zeughaus gleich anfänglich nicht Raum genug gehabt habe, alles Kriegsmaterial unterzubringen, weil man die Armbruste in einer eigens dazu hergerichteten Stube auf dem Wilbrechtsthurme aufstellen mußte. Wir werden später darauf zurückkommen.

Mit der Gefangennahme Ludwig des Bärtigen durch seinen Sohn Ludwig mit dem Höcker, war der Krieg nun allerdings beendet, und es schien als wenn für die Stadt eine ruhigere Zeit kommen wollte. Deßungeachtet ließ der Rath seinen Eifer für die Unterhaltung der Kriegsgeübtheit seiner Bürger nicht erkalten, und wir sehen Beispiels halber, daß, als 1462 der Reichskrieg gegen Ludwig den Reichen von Landshut ausbrach, bei welchem die Stadt nicht direct betheiligt war, der Rath: „ein jeden nach sein Vermögen „Harnisch und Wehr gebotten; man luegete auch als daselbs „zu der Stadt Werlichkeit, Pichsen und Pulver und anderem „von der Kriegsläuff wegen, die zu bißmalen zwischen Her„zog Ludwig und seinen Pundtgenossen und Marggrafen „Albrecht von Brdbrg. und etlich Reichstätten Augsburg, „Ulm und anderen und auch der puntgenossen in den Ländern „waren."

Ein besonders wirksames Mittel, um die Liebe zu den Waffen und ihrem Gebrauche zu erhalten, glaubte man in der Anregung von großen Festschießen gefunden zu haben. Im Jahre 1467 veranstaltete die Stadt München ein solches, welches wohl zu den bedeutendsten der damaligen Zeit gezählt werden darf. Es begann am Pfingstmontage und dauerte bis zum Fronleichnamsfeste. Zwölf Fürsten und Grafen und drei und fünfzig Städte waren durch ihre Abgesandten dabei vertreten. Das Feld, wo das Schießen abgehalten wurde, war vor dem Angerthor, allwo die Zelte und Buden aufgeschlagen waren.

Besonders bemerkt zu werden verdient, daß die Entfernung, auf welche man schoß — 140 Schritte betrug. Den ersten Preis gewann Erhart Schnitzer von Geißlingen; er bestand ans einem goldenen Kopfschmuck im Werthe von fl. 50. Den zweiten Lutz von Freiberg — wie der vorige ein goldener Kopfschmuck, im Werthe von fl. 45. Den dritten Lienhart Stemli von Zürich ebenfalls ein solcher Kopfschmuck im Werthe von fl. 40. Die drei zunächst folgenden Preise waren silberne Pokale — den einen im Werthe von fl. 35 gewann Haug von Ulm, den folgenden im Werthe von fl. 31 erhielt Hans Prendle von Lauingen und den sechsten im Werthe von fl. 28, Ludwig Schopper von Biberach.

Außer diesen wurden noch 16 Preise vertheilt — den Weitpreis, einen goldenen Ring bekam Hans Plank von Kaltennordheim, Schütze des Grafen Heinrich von Henneberg.

Indessen war die Zeit immer näher herangekommen, in welcher eine vollständige Umgestaltung des Gesammt-Kriegswesens eintreten sollte. Durch die bisherige Kriegsverfassung war nicht nur der deutsche Kaiser von den verschiedenen Reichsfürsten und Reichsständen, sondern auch diese wieder von ihren Kreisständen und Vasallen und deren gutem Willen bei ausbrechenden Kriegen abhängig. Dieses Verhältniß begann allmählig nicht nur dem Kaiser, sondern auch den Fürsten unbequem zu werden, zumal es ein Haupthinderniß war für die Erweiterung ihrer Souverainetäts-Befugnisse und Rechte, wonach dieselben mehr oder weniger zu streben begannen.

Man mußte also eine Macht schaffen, welche, unabhängig von dem nur zu oft lästigen Einfluß der Stände, beliebig und selbst gegen ihren Willen verwendet werden konnte.

Und diese fand man in einem Heere von gedungenen Kriegsknechten, die blos dem Gebote dessen gehorchten, der sie angeworben hatte, und sie für ihre kriegerische Dienstleistungen bezahlte oder anderweitig belohnte. Man erreichte hiemit einen doppelten Zweck.

Erstens erschuf man sich eine jederzeit und überall verwendbare Macht, und konnte folglich seinen Wünschen und Anforderungen, — ob gerecht und begründet oder ungerecht und anmaßend — weit gewichtigeren Nachdruck verleihen, und zweitens entfremdete man den Bürger seiner kriegerischen Verpflichtungen und schwächte seine Macht und seinen Einfluß, den man von vielen Seiten nicht ohne Mißgunst betrachtete, indem man ihn lediglich auf seine übrigen Erwerb- und Berufsgeschäfte verwies und seine Thätigkeit innerhalb der Gränzen seiner Stadtmauern beschränkte.

Obgleich dieses Vorgehen ohne Frage ein Todesstoß war, für die Wehrkraft und die Kriegstüchtigkeit des ganzen deutschen Volkes und seines ureigentlichen Charakters, so läßt sich doch nicht läugnen, daß auf der anderen Seite der materielle Wohlstand, gerade der Bürger, die dadurch der Zeit und Geld raubenden Kriegszüge enthoben waren, wesentlich gefördert und ihr Reichthum vermehrt und gehoben wurde.

Wir begegnen auch kaum in der Geschichte einem Beispiele, welches uns sagte, daß diese Neuerung von Seite der Städte einen Widerspruch gefunden hätte — im Gegentheil sehen wir, daß dieselbe sogar von den Städten alsbald nachgeahmt wurde. So finden wir in dem Feldzuge des Herzogs Albrecht gegen den Loewlerbund im Dezember 1491 die Stadt München durch 100 solcher geworbener Knechte vertreten.

Im Ganzen genommen ging jedoch diese Umwandlung des Kriegswesens sehr langsam von statten. Die kriegerische Einrichtung blieb noch lange Zeit, aber die Verwendung der

Bürgerwehr wurde eine andere. Das sechzehnte Jahrhundert war es insbesonders, das die vollständige Umgestaltung vollbrachte. Zu wirklichen Kriegszügen und Heerfahrten wurden nunmehr hauptsächlich die geworbenen Knechte — Soldaten, sogenannte Lanzknechte gebraucht, die Bürgerwehren dagegen mehr zu Schaustellungen und festlichem Gepränge aufgeboten. Immerhin war die Stellung der Bürgerwehren eine Achtung gebietende, und der kriegerische Geist war noch frisch und lebendig.

Als Kaiser Max II. am 14. Januar 1566 seinen festlichen Einzug in die Stadt München hielt, war die Stadtwehr, das heißt die Bürger, in einer Stärke von 2198 Mann, in 7 Fähnlein, mit eben so vielen Hauptleuten und außerdem mit 180 großen Geschützen ausgerückt um die kaiserliche Majestät festlich zu empfangen. Gewiß eine ansehnliche Streitmacht für eine Stadt, die kaum 30,000 Einwohner zählte.

Man würde sich sehr täuschen, wenn man glaubte ein solches Fähnlein wäre nach Art unserer heutigen Bataillons, aus Kriegern von gleichmäßiger Bewaffnung zusammengestellt gewesen. Im Gegentheile war es ein Gemisch von allerlei Volk, das sich eben nach Vermögen oder persönlichem Geschmack gerüstet und bewaffnet hatte.

Bei oben genanntem Einzuge Kaiser Max II. bestand Beispiels halber das Fähnlein des Hauptmanns Kaspar Weiler aus 74 schönen Harnischen, 61 gemeinen Harnischen, 137 Spieß, 14 Hacken mit langen Rohren, 10 Hacken mit kurzen Rohren und 10 Helleparten. Das des Hauptmanns Wolf Pronner aus 60 schönen Harnischen, 4 Trabanten-Harnischen, 85 gemeinen Harnischen, 116 Spieß, 30 Hacken mit langen und 14 mit kurzen Rohren, und so weiter.

Ein deutliches Bild des Aufzuges eines solchen Fähn-

leins der damaligen Zeit bietet uns die Neuburger Stadt=
wehr, als dieselbe 1525 auszog, um den ehemaligen Münchener Advocaten Zacharias Krell, der in der Gegend von
Eichstädt das Landvolk aufwiegelte und dasselbe durch seine
treffliche Beredsamkeit, in den Strudel der damaligen allge=
meinen Empörung zu stürzen sich bestrebte, in der Burg zu
Wellheim aufzuheben.

Das Neuburger Fähnlein bestand im Ganzen aus 450
Mann. Zuerst kamen die Zimmerleute mit ihren Häuten
und Bankhacken, dann die Schützen mit Sturmhauben, Seiten=
wehren und Pulverflaschen, ihnen folgten die Langspießer in
Rüstungen, diesen, diejenigen die Schlachtschwerter trugen
und in zwei Reihen vor und nach dem Fähnlein einher
schritten, nach diesen kamen die Federspießen, und den Schluß
machten die Knebelspießer. Die gesammte Mannschaft wurde
von einem Hauptmanne, dem zwei Schützen und zwei Feder=
spießer als Trabanten beigegeben waren, einem Lieutenant,
zwei Feld= und zwei gemeinen Waibeln und einem Führer be=
fehligt: sie hatte einen Fähnbrich, einen Schreiber, zwei
Feldscheerer und ein Feldspiel, das aus dem Thürmer und
seinen Gesellen (Pfeifern) und zwei Trommelschlägern bestand.

Die Stärke eines solchen Fähnleins wechselte zwischen
300 bis zu 600 Mann.

Am 22. Febr. 1568 hielt die Braut Herzogs Wilhelm V.,
Herzogin Renata von Lothringen, ihren festlichen Einzug
in die Stadt München.

Die Bürgerschaft war bei dieser Gelegenheit mit 6
Fahnen aufgezogen. Vor der Stadt, außerhalb des Neu=
hauser Thores auf dem Berge den man sonst den Juden-
Gottesacker nannte, waren 64 große Stücke Geschütz aufge=
stellt, auf den Basteien und Stadtmauern, elf Feldschlangen,
etliche Falkonets und Doppelhacken ohne Zahl, nach dem

Berichte des Hans Wagner. Von jedem großen Stücke oder Geschütze wurden zwei, von jedem Falkonet und Doppelhacken aber 18 Schüsse abgegeben.

Wilhelm V. war ein Fürst, der allerdings das Militärwesen der Stadt München zu fördern bestrebt war, allein die Mehrzahl seiner Anordnungen und Bestimmungen betrifft mehr die Aeußerlichkeiten und den Schein, als die Vervollkommnung des eigentlichen Kriegswesens der Stadt. Einen besonderen Werth scheint er auf eine bisher ungekannte, gleichmäßige Uniformirung gelegt zu haben. Einen Beweis hievon finden wir in seinem Erlasse von 1580 die hohe Fronleichnams-Procession betreffend.

„Die von München" heißt es wörtlich, „weren auch bei diser Musterung zu vermögen und zu persuabieren, das sy mer harnisch khaufften, Item das Sy der Partisanen, mit schwarz und gelben Gefrens alle Jahr mehr machen ließen, damit letzlich das Fueßvolkh in gleicher ristung und mit gleichen Wöhren mechten versehen sein, welches nit allein ein großer wolstandt sein Sonder jenen bei den Frembden ein großers ansehn und lob machen wurde. Sonderlich wann die von München sich einmal sovil der Sachen, zu Jrem ewigen rhuemb annemen, und etwa mit vortl umb etlich Stukh schönes wullins geferbtes tuech als etwa rosinfarb oder leibfarb oder himmelplab, Ju ainer gueten anzal trachteten, und aus dem fueßvolkh etwa vermögliche angesessene Burger oder handwerkhsleut ein 200 oder 300 außthlaubten und Sy dahin bereheten das Sy Jnen von obbemelten tuech gleichförmige Hosen machen und dieselben gleich prämen ließen."

Weiter heißt es unter anderem:

„Die Fendrich die sein mit Jren Sameten landsknecht thleibern, gulden Khetten mit gollt gezierten pareten oder

2*

huetten, auch mit Iren schenen peri (so hießen die bunten Schärpfen oder Binden) seitenwöhren oder Dögen mit Silber beschlagen und unterschiblichen Fänlein wohl herfür gebutzt."

Man hat schon manchmal die Behauptung aufgestellt, daß die Menschen in der Hauptsache unter gegebenen Verhältnissen zu allen Zeiten mit geringen Abweichungen dieselben seien. So scheint der Uebelstand, daß Wehrmänner ihre Waffen verkauften — auch schon damals bestanden zu haben, denn in denselben oben erwähnten Anordnungen fährt Herzog Wilhelm fort:

„Die Ristungen, welche die Burger anhaben, die werden Inen ainstheils aus der Stabt Zeughaus geliehen, der merertheil aber muß seiner burgerlichen Pflicht halber, für sich selbs haben. Darum dann Ir. fr. Durchl., welche zuvor aus dero Zeughaus über die 800 Ristungen hergeliehen verren khaine mehr herleicht, dann Sy übl zugericht worden, und habens Ir. frstl. Durchl. nachmals mit großen uncoßten muessen auspuzen lassen und haben also die Burger Ire Ristungen gespart oder wol gar verkhaufft und die frstl. Ristungen verderbt."

Die Bürger- oder Stabtwehr wurde, wie oben angedeutet, in dieser Zeit hauptsächlich zu festlichen Aufzügen und insbesondere bei religiösen Feierlichkeiten aufgeboten, um deren kirchlichen Glanz auch durch eine kriegerische Macht- und Prachtentfaltung zu erhöhen; wollte man indessen glauben, daß dieselbe ferner gar keine wirklichen Kriegsdienste geleistet, so würde man sich sehr irren.

Herzog Ferdinand hatte sich mit Maria Pettenbeck in ein Liebesverhältniß eingelassen. Allein alle seine Bemühungen um ihre Gunst waren vergeblich; das schlaue Fräulein wollte seine Neigung durchaus nicht erwibern und versagte ihm ihre Liebe so lange, bis er sich endlich entschloß, sie als seine rechtmäßige Gemahlin zum Altare zu führen.

Ihr Vater, früher nur gemeiner Rentenschreiber, warb zum Pfleger oder Landrichter in Haag befördert, und es ist wohl möglich, daß er, durch die hohe Verwandtschaft übermüthig gemacht, die Bauern, die ihm untergeben waren, über Gebühr bedrückte.

Sei es nun, daß es sich wirklich so verhielt, oder daß die Bauern nur glaubten, es geschähe ihnen Unrecht — genug, auf Dreikönigstag des Jahres 1596 rotteten sich dieselben zusammen, um zu berathen und gegen die Neuerungen in Steuern und anderen Dingen sich zu verbinden. Das Kirchdorfer Feld ward als Zusammenkunftsort bestimmt, und es waren wirklich über 2000 Bauern erschienen. Der Landrichter, der sich wohl mancherlei bewußt war, und der sich unter solchen Umständen nicht mehr recht sicher fühlte, schickte sogleich einen Eilboten nach München mit einem Berichte, in welchem der ganze Vorfall mit sehr grellen Farben und wohl etwas übertrieben hingestellt war.

Als Herzog Wilhelm die Nachricht erhielt, schickte er sofort 130 gerüstete Bürger zu Fuß und 40 Mann Reiter unter dem Hauptmann Blanckhenmair nebst Herrn Eustach Freiherrn von Törring-Seefeld und dem Herrn N. von Frauenberg als Commissarien in die vom Aufruhr bedrohte Gegend ab. Obgleich diese Herren eigentlich keinen Widerstand fanden, so hielten sie doch ein sehr strenges Gericht, viele Bauern wurden eingezogen, den Rädelsführern die vorderen Finger abgehauen und viele andere erhielten andere Strafen.

Im Jahre 1598 entsagte Wilhelm V. zu Gunsten seines Sohnes, des Herzog Maximilian I., in dessen Hände er die Zügel der Regierung niederlegte.

Maximilian I. war es, der mit richtigem Blicke seine Zeit erkannte und gleichsam in Voraussicht der zukünftigen Ereignisse alle Sorgfalt der Ausbildung des Kriegswesens zuwendete.

Er ist es — der eigentlich als der Vater und Schöpfer des bayerischen Heeres betrachtet werden muß. Eine kriegerische, ruhelose Zeit brach an; die persönliche Theilnahme der Bürger an dem Kriege trat in den Hintergrund, der Krieg ward zum Handwerke, Kriegsleute und Soldaten gestalteten sich zu einem eigenen Stande — die geworbenen Heere, welche früher nach beendigtem Feldzuge wieder entlassen wurden, blieben in Permanenz unter den Waffen.

Gleichwohl betheiligte sich die Stadt München bei dem Zuge nach Donauwörth.

Am 8. December 1607 brach die Artillerie, meistentheils aus großen Belagerungsgeschützen bestehend, dahin auf. Am 11. die Reiterei und am 12. das Fußvolk, unter dem persönlichen Befehl des Herrn Alexander von Hafflang. Der ganze Feldzug war, da die Stadt Donauwörth, die anfänglich vier — dann drei Wochen Bedenkzeit begehrt, aber schließlich nur eine Viertelstunde erhalten hatte, sich auf Discretion ergab, von sehr kurzer Dauer. Schon am 25. desselben Monats kam das dahin abgeführte Kriegsvolk wieder nach München zurück; das Stadtfähnlein von München aber ließ sich mehr Zeit, denn erst am 28. traf es wieder hier ein. Ob dasselbe aus Bürgern gebildet war, ist schwer zu ermitteln, und es dürfte eher anzunehmen sein, daß es größtentheils ebenfalls nur aus geworbenen Knechten bestanden habe.

Desohngeachtet befand sich die Münchener Stadtwehr noch in einer sehr guten Verfassung; denn als am 10. Nov. 1613 der Herzog von Neuburg, Pfalzgraf Wolfgang Wilhelm, seinen Einzug in München hielt, ward er von der gesammten Bürgerschaft, bestehend aus 12 Fähnlein, und mit 36 Stück großen Geschützes empfangen und in die Stadt begleitet.

Indessen schlugen die Wogen der erregten Zeit immer ungestümer und lauter auch an die Thore der Stadt München. Die unseligen religiösen Zerwürfnisse waren endlich zu einem hellLodernden Brande herangewachsen, der als dreißigjähriger Krieg, verheerend über ganz Deutschland daher brauste und nicht nur ganze Länder, blühende Städte und Dörfer, sondern auch uralte Verfassungen und Verhältnisse, Cultur, Wohlstand, Bildung und Jahrhundert lang bewährte Institutionen unter seinem Schutte, seinen Trümmern begrub.

In dieser trüben Zeit besorgte zwar die Münchener Stadtwehr mit rühmlichem, anerkennungswerthen Eifer den Sicherheitsdienst und die Bewachung der Mauern und Zugänge, allein als der schwedische König Gustav Adolph, mit seiner ganzen Heeresmacht vor den Thoren erschien, fühlte sie sich nicht mächtig genug, demselben einen Erfolg versprechenden Widerstand entgegensetzen zu können.

Am 15. Mai 1632 übergaben die Bürgermeister Friedrich Ligsalz und Ferdinand Barth dem Könige zu Freising die Schlüssel der Stadt, und am 17. hielt dieser um die Mittagsstunde seinen Einzug in die Hauptstadt seines eifrigsten und erbittertsten Gegners.

Noch an demselben Tage wurden die Wachen an den Thoren und sonst allerwärts von den Schweden bezogen und die Bürgerschaft entwaffnet.

Bei dieser Gelegenheit sei der Name eines Mannes erwähnt, des Bürgers und Goldschmiedes Ferdinand Czaly, der als Fähndrich seine Fahne nicht in die Hände der Schweden übergab, sondern dieselbe mit großer Lebensgefahr in seine Behausung zu bringen und daselbst zu verbergen mußte.

Mit dieser Entwaffnung der Bürger durch die Schweden schließt eigentlich die kriegerische Periode der Münchener Bürgerschaft; denn die Aufzählung aller der Festlichkeiten, Processionen, Feuerwerke und dergleichen, denen dieselbe späterhin beigewohnt hat, gehört eben so wenig in das Bereich dieser Zeilen, als die Schilderung des allmähligen Verfalls des ganzen Instituts, auf welchen endlich eine vollständige Reorganisation als nothwendige Folge eintreten mußte.

Das Zeughaus.

Aus jenen Tagen einer kriegerischen, ruhmreichen Vergangenheit stammt die Mehrzahl der in unserem bürgerlichen Zeughause aufgestellten Waffenstücke, als beredtes Zeugniß städtischer Macht und bürgerlicher Wehrhaftigkeit. Es sind die Ueberreste der Kriegsgeräthe einer längst vergangenen Zeit, welche die Alles zerstörende Neuerungssucht in ihrem Vandalismus, oder die oft noch schlimmere Gleichgültigkeit und Geringschätzung des Althergebrachten, uns eben noch übrig gelassen hat. Dies ist auch der Gesichtspunct, von welchem aus dieselben betrachtet werden sollen.

Es ist keine Sammlung von Waffen des Mittelalters; denn in einer solchen müßten, wo möglich, alle verschiedenen Arten der Bewaffnung vertreten sein, während in unserem Zeughause, von manchen derselben gar nichts, von anderen sehr wenig und von weiteren anderen, ein reichliches Material vorhanden ist. Es sind die letzten Ueberbleibsel eines ehedem reichen und werthvollen Inventars, welche Eigenthum der Münchener Bürgerschaft sind, und es ist deßhalb eben so wenig zulässig, einzelne, wenn auch in mehrfacher Anzahl vorhandene Gegenstände zu veräußern — als andere ältere zu erwerben, weil diese des historischen Interesses, welches allein hier maßgebend ist, entbehren würden.

Drum ist es unsere Pflicht, diese letzten ehrwürdigen Ueberreste mit größter Sorgfalt zu erhalten, und dieselben mit umsichtigerer Gewissenhaftigkeit und Pietät unseren Nachfolgern zu überliefern, als wir dieselben von unseren Vorgängern· überkommen haben.

Was das Gebäude selbst betrifft, so war dasselbe, wie oben erwähnt, im Jahre 1431 als Büchsenhaus oder Büchsengewölbe von dem Rathe der Stadt laut Salbuch vom Jahre 1443 zu dem Zwecke, das Kriegsgeräthe der Stadt und die Waffen der Bürger darin aufzubewahren, erbaut worden.

Zugleich sollte es aber auch in seinen weitläufigen Räumen als Uebungsplatz der Münchener Bürger in Handhabung der Waffen dienen.

Allein das Kriegsmaterial der Stadt erwies sich gleich anfangs als so massenhaft, daß man die Armbruste, die oft sehr große Dimensionen hatten, darin nicht mehr unterbringen konnte, sondern für dieselben ein eigenes Gemach in dem sogenannten Wilbrechtsthurme herrichten mußte, um dieselben aufstellen zu können, wie bereits oben erwähnt wurde.

Es ist eines der wenigen Gebäude in unserer Stadt, die den Charakter der Baukunst des 15. Jahrhunderts rein und unverändert repräsentiren.

Im Verlaufe der Zeit, die eben immer andere und neue Bedürfnisse hervorruft, wurde dasselbe jedoch seiner ursprünglichen Bestimmung entfremdet, und für Magazinirung von Getreide und Aufbewahrung mancherlei anderer Gegenstände wie z. B. der magistratischen Kutschen und dgl. verwendet.

Die alten Waffen wurden in einem Nebengebäude unter ziemlich mangelhaftem Verschluß über einander gehäuft, wenig werth gehalten und für nicht viel weiter, als alter Plunder betrachtet, weshalb sie auch vielfach veräußert und zu allen möglichen Zwecken massenhaft verschleudert wurden. Wenn man einer gemeinen Sage Glauben schenken darf, so wurde unter andern das Gitter um den botanischen Garten lediglich aus alten Rüstungen aus unserem Zeughause verfertigt, die zu diesem Zwecke als altes Eisen zusammengeschmiedet worden sein sollen. Die Wahrheit dieser Sage dahingestellt sein lassend — ist doch so viel gewiß, daß in den alten Inventarien zu Ende des vorigen Jahrhunderts sich eine Menge von Gegenständen verzeichnet finden, die heut' zu Tage entweder gar nicht mehr, oder in viel geringerer Anzahl vorhanden sind.

Darüber ist auch kein Zweifel, daß viele dieser alten Waffenstücke wirklich auf dem Eisenhammer eingeschmiedet wurden, wie z. B. am 30. Januar im Jahre 1801, wo aber die Abführung dahin verzögert wurde, weil der Eisenhammer von der französischen Artillerie zu sehr in Anspruch genommen war.

Daß aber auch Gegenstände verschwanden, die man nicht als altes Eisen verwenden konnte, ist eben so gewiß; so finden sich von den alten, hölzernen und gemalten Parierschilden, deren im Jahre 1798 noch neun aufgeführt sind nur mehr zwei vor — die elf eisernen, und ein gewiß sehr interessanter von Stroh verfertigter, sind nicht mehr vorhanden.

Wie geringen Werth man überhaupt auf diese Gegenstände gelegt hat, ersehen wir beispielshalber daraus, daß man am 28. September des Jahres 1801:

Einen Harnisch,
Eine Pickelhauben,
Einen Halskranz,
Einen altdeutschen Degen,
Ein Schlachtschwert und
endlich einen alten Parierschild,

Alles zusammen um das Spottgeld von sieben Gulden und zwölf Kreuzer an „einen Komödianten" verkauft hat.

Am 3. September 1805 wurden an Grafen von Yrsch verkauft:

Zwei Schlachtschwerter,
Vier Helleparten,
Zwei Paar Handschuhe,
Drei Harnische,
Zwei Halskrägen,
Drei Pickelhauben,
Zwei Armschienen,
Zwei hölzerne Parierschilde

im Eisengewichte 85 Pfd. um die Summe von siebenzehn Gulden.

Hier kamen diese Waffenstücke jedoch wenigstens in einen Besitz, der sie vor dem Untergange rettete, und an einen Ort, wo sie besser geachtet wurden.

Aber so wohlfeil hat wohl noch Niemand gekauft, als der Bader Joseph von der Eich, dem man am 19. Juni 1802 ein ganzes Panzerhemd um zwei Gulden und acht Kreuzer überließ.

So waren diese ehrwürdigen Ueberreste der Mißachtung und dem Untergange, durch Rost und Vernachlässigung und Verschleuderung verfallen, während sie selbst von der Hand der Feinde verschont worden waren. Denn als die Oesterreicher im Jahre 1742 unter dem Baron Bernclau die Stadt

München eingenommen und besetzt hatten, versprachen sie im Artikel I der Capitulation vom 6. Mai besagte Waffen unberührt zu lassen. Jener Artikel heißt wörtlich:

„I mo Wolle man wohlersagten H. Feldt Marchal Lieutnant die allhiesige Haubt und Residenz Statt dergestalt einraumben, das das samentliche Schießgewöhr in allhiesiger Stadt nebst denen vorhandtnen Canonen, wie auch Pulver und Pleu, ihme aufgeantworttet werden solle, jedoch mit diesem Ausnamb, dasjenige Gewöhr, so der Noblesse angehörig an einem dritten Ohrt unter Obsignation Jr. Excellenz verwahrlich hinterlegt werde, wo hingegen die in Gemeiner Statt Zeughaus sich befindlichen Harnisch, dann andere Antiquitäten und Kriegsristungen, welche mehr zur Zierde als militärischem Gebrauch gegenwärtiger Zeiten dienlich seynt von solcher Extradition befreyet sein solle."

Wenn aber, wie erwähnt, diese Gegenstände gegen das Ende des vorigen und zu Anfang dieses Jahrhunderts in der That auf eine beklagenswerthe Weise verschleudert wurden, so würde man andererseits doch sehr Unrecht thun, wenn man deßhalb einzelne hier betheiligte Persönlichkeiten deswegen tadeln oder sie gar dafür verantwortlich machen wollte.

Es war eben der Geist der Zeit, dessen Einfluß sie sich so wenig wie alle ihre Zeitgenossen, entwinden konnten, einer Zeit die zerstörend noch weit wichtigere Dinge in Schutt und Trümmer stürzte, einer Zeit, der nichts heilig war, welche Alles alt Hergebrachte mit verachtenden geringschätzenden Blicken hinwegrasirte, und welcher insbesondere Alles, was an die Tage des Mittelalters erinnerte, als ein bar-

barischer feudaler, Greul erschien, der von der Erde hinweg=
getilgt werden müsse. Wenn wir in jenen verhängnißvollen
Tagen, so viele tausendjährige Institutionen, wie Beispiels
halber das heilige römische Reich deutscher Nation, so viele
Staaten und souveraine freie Städte verschwinden, wenn
wir Baukunst, Kleidung und alles Hausgeräthe der trost=
losesten Nüchternheit verfallen sehen, so wollen wir mit
Denen nicht rechten, die doch verhältnißmäßig eine viel kleinere
Schuld nach unserer jetzigen Ansicht auf sich luden, indem
sie nach damaligen Begriffen nur der sogenannten Allgemein=
Nützlichkeits=Theorie huldigten, wie eben alle anderen.

In späterer Zeit wurden nur bei Festlichkeiten zur De=
corirung und bei Maskeraden zuweilen einzelne Rüstungs=
stücke aus dem Staube hervorgesucht. Das starre Schwert,
sonst freien Mannes Wehr und Stolz, gaukelte dann an der
Hüfte eines unbärtigen Stutzers und mancher Geck umgür=
tete seine Taille mit einem Harnisch, unter dem einst in
schwerer, heißer Stunde ein treues Männerherz geschlagen.

Es scheint, als wenn es einer außergewöhnlichen Veran=
lassung bedurft habe, um die letzten Reste alter deutscher
Wehrhaftigkeit wieder zu Ehren zu bringen.

Diese Veranlassung ward durch die Ereignisse des Jahres
1848 gegeben.

Am 4. März, in der ersten Nachmittagsstunde gedachten
Jahres, hatte sich plötzlich in der Stadt die Kunde verbreitet
König Ludwig I. habe alle seine Zusagen und Versprechun=
gen wieder zurückgenommen.

Auf diese Nachricht hin zog die gerade auf dem Rath=
haussaale versammelte Menge nach dem Zeughause auf dem
Anger, da obendrein auch verlautbar wurde, es habe sich da=
selbst bereits ein Haufen verdächtigen Gesindels versammelt,
um sich der dort aufbewahrten Waffen zu bemächtigen, und

man diese, wie man sich ausdrückte, doch wenigstens in bessere Hände bringen wollte.

Die wenig oder gar keinen Widerstand bietenden Thüren der damaligen Zeugkammern waren schnell erbrochen und rasch waren zwei bis drei Tausend Menschen aus den verschiedensten Ständen in der buntesten und abenteuerlichsten Weise bewaffnet.

Lärmend zogen die Haufen mit einzelnen Fahnen und Trommeln an der Spitze, mit Spießen, Schwertern, Helleparten, Aexten und alten Gewehren aller Art (oft ohne Schloß und Stein) bewehrt, durch die Straßen der Stadt nach dem Promenade- Karls- und Dultplatz.

Daß es an jenem Tage zu keinen weiteren beklagenswerthen Ereignissen gekommen, haben wir zunächst dem Erscheinen des Prinzen Carl, Königl. Hoheit, und seinen eindringlichen Worten zu danken, denen es gelang, die aufgeregte Menge in der Art zu beruhigen, daß sie lärmlos umkehrte, und sogar die Waffen nach dem Zeughause wieder zurücktrug, um sie daselbst niederzulegen.

Man hatte damals die Meinung zu verbreiten gewußt, als wären alle Waffenstücke mit der größten Gewissenhaftigkeit wieder zurückgebracht worden; — es war aber nicht an dem, — sondern nach diesseitigen Aufschreibungen sind nachfolgend bezeichnete Gegenstände bei dieser Plünderung zu Verlust gegangen, und zwar:

40 Gewehre,
7 Unterofficiersäbel,
12 Artilleriesäbel,
71 Füsiliersäbel,
1 Panzerhemd,
6 Sturmhacken,
2 Granatpöller,

1 Scharfrichterschwert,
6 spanische Degen,
21 Helleparten
1 Schlachtschwert,
14 altdeutsche Degen,
7 türkische Gewehre,
6 türkische Pistolen,
1 Degen mit Hohlklinge,
1 Dolch ganz alter Façon,
1 Dolch mit Silber eingelegt,
3 Pulverhörner,
1 Paar Sporen,
1 alter Karabiner,
3 Artillerie-Gewehre,
9 schwarze Pickelhauben,
11 einzelne Harnischtheile, theils Brust= theils Rückenstücke,
2 Halskränze mit Armschienen.

In allem also 228 Stücke. Dagegen wurden als nicht zum früheren Inventar gehörig zurückgelassen:
1 Haurapier und
1 Mistgabel.

Diese Gegenstände, zu welchen später ein alter Filzhut durch Schenkung hinzukam, werden jetzt ebenfalls zur Erinnerung im Zeughaus aufbewahrt.

Durch diese Ereignisse aufmerksam gemacht, sah man sich veranlaßt, diesen alten Waffenstücken, die unter Umständen wieder zu Bedeutung kommen und nicht wenig gefährlich werden konnten, wieder größere Aufmerksamkeit zu schenken. Sie wurden deshalb in ihren ursprünglichen Verwahrungsort, das alte Zeughaus, zurückgebracht und in der ersten Etage desselben aufgestellt. In dieser Aufstellung, die jedoch nicht als zweckmäßig erschien, verblieben dieselben bis zum Jahre

1865, in welchem Jahre eine vollständige Umänderung eintrat.

Schon seit längerer Zeit war das Bedürfniß fühlbar geworden, für den Dienst der Landwehr der königl. Haupt- und Residenzstadt eine geeignetere Localität zu erwerben, als die, welche sie bisher inne hatte, indem die Bureaux der verschiedenen Canzeleien und Commissionen nicht nur zerstreut, sondern oft sogar in Räumlichkeiten untergebracht waren, auf welche selbst das Prädicat: „anständig" nicht anwendbar gewesen wäre. Man beschloß deßhalb, diesem Uebelstande abzuhelfen und ein Local zu ermitteln, welches den billigen Anforderungen von Seite der Landwehr zu entsprechen geeignet wäre, wozu nach vielseitigen Recherchen kein Gebäude tauglicher erschien, als das alte Zeughaus, welches jedoch in dem dermaligen Zustande nicht verwendbar war. Um es den Zwecken der Landwehr dienlich zu machen, mußte ein vollständiger Umbau vorgenommen werden.

Nach den nothwendigen Verhandlungen, die zur Feststellung der Rechtsverhältnisse zwischen dem Magistrate einerseits — indem die Stadtgemeinde München die Eigenthümerin des Gebäudes ist — und dem Landwehr-Commando andererseits, erforderlich waren, überließ der Magistrat unter beiderseits entsprechenden Bedingungen der Landwehr genanntes Zeughaus zur Nutznießung, welche ihrerseits insbesondere die Unkosten des Umbaues übernahm und auch zu späterer Zinszahlung sich verpflichtete. Das darin aufgespeicherte Getreide wurde bereitwilligst entfernt, so wie auch die zu ebener Erde befindliche Armenküche, so daß, nachdem auch die Landwehr die ihr gehörigen Gegenstände anderweitig untergebracht hatte, im Monat Juni 1865 mit dem Baue selbst begonnen werden konnte.

In dem Zeitraume von 7 Monaten war die ganze große Arbeit vollendet.

Vor Allem muß bei dieser Gelegenheit des Herrn A. Zenetti, städtischen Baumeisters, erwähnt werden, welcher die Aufgabe aufs Vollständigste erfaßt und in der glücklichsten Weise gelöst hat. Denn, indem er den äußeren, mittelalterlichen Charakter des Gebäudes aufs Gewissenhafteste erhalten, verstand er es, mit Zugrundlegung der ihm von Seite der beiden Vorstände der Ober-Oeconomie-Commission gewordenen Mittheilungen die innere Einrichtung desselben so zweckmäßig anzuordnen, und die dunklen speicherähnlichen Räume in die hellesten freundlichsten Gelasse umzugestalten, daß dieselben dem angestrebten Zwecke aufs Vollkommenste entsprechen.

Wenn ferners die bei dieser Angelegenheit maßgebenden höheren Persönlichkeiten und Chargen dem Unternehmen auch ihre bereitwilligste Unterstützung angedeihen ließen, so bedurfte es doch insbesondere der Energie und Ausdauer des gegenwärtigen Vorstandes der Ober-Oeconomie-Commission, des Herrn Major Auracher, um dasselbe überhaupt möglich zu machen, sowie nicht minder die rastlose Thätigkeit und Umsicht, welche der zweite Vorstand genannter Commission, Herr Major Carl Bronberger, bei der Leitung des Baues entwickelte, und der es hauptsächlich zuzuschreiben, wenn das ganze Werk in so kurzer Zeit gedieh, die vollkommenste Anerkennung verdient.

Bevor jedoch mit der neuen Aufstellung des Rüstsaales begonnen werden konnte, mußten zuerst die alten Waffen und Rüstungsstücke von dem gröbsten Schmutze und Roste gereinigt werden, was um so nothwendiger erschien, als das neue hiefür bestimmte Local von allen Seiten von dem vollen Tage beleuchtet ist, und natürlich Vieles bemerklich wird, was in den alten finsteren Räumen sich den Blicken und der Beachtung des Beschauers entzogen hatte.

Bei dieser Gelegenheit wurden selbstverständlich auch diejenigen Mißstände entfernt, die im Verlaufe der Zeiten sich eingestellt hatten; denn nicht selten waren an den schönsten Harnischen statt der Nieten, Schuh= oder Schloßnägel oder Stückchen Holz eingeschlagen, oder Schienen mit Drath oder Spagatschnürchen, zuweilen gar mit Hosenknöpfen an einander befestigt.

Auch diese Arbeit nahm noch eine geraume Zeit in Anspruch, weil nicht viele Personen dabei beschäftigt werden konnten.

Wenn durch die neue zweckmäßigere und übersichtlichere Aufstellung dieses Rüstsaales die Anzahl der Sehenswürdigkeiten unserer Stadt einen neuen, nicht unwürdigen Zuwachs erhalten hat, so dürfte der öftere Besuch desselben noch den besonderen Nutzen bieten, bei unseren Mitbürgern und vorzugsweise bei unserer Jugend das Interesse an unserer Vergangenheit zu erwecken und zum Studium derselben zu ermuntern. Nicht oft genug kann der Ausspruch: „nur der, der die Geschichte seines Vaterlandes kennt, kann es wahrhaft lieben" wiederholt werden; aber nichts führt uns unmittelbarer zu dem Bekanntwerden mit derselben hin, als diese beredten Zeugen alter Kraft, nichts ist geeigneter die Thaten vergangener Jahrhunderte lebendiger zu vergegenwärtigen, als der Aufenthalt unter diesen ernsten Denkmalen einer starken Zeit und ruhmreichen Vergangenheit.

Der Waffensaal.

Vorerinnerung.

Die Aufstellung der vorhandenen Waffenstücke glaubte man dadurch am zweckmäßigsten zu bewerkstelligen, daß man dieselben in Gruppen ordnete, von welchen immer je eine oder mehrere einen gewissen Zeitabschnitt charakterisiren, und, soweit das vorhandene Material es erlaubte, somit ein Bild der Bewaffnung eines gewissen Zeitraumes geben.

Diese, in der Mitte des Saales in einem nach rückwärts offenen Ovale aufgestellten Gruppen, reihen sich demnach so aneinander, daß die Gruppe Nr. 1 die ältesten vorhandenen Waffenstücke enthält, an welche sich die anderen in fortlaufender Nummer und chronologischer Folge anschließen.

Hiebei ist jedoch ausdrücklich darauf Rücksicht genommen, daß eine Waffe oder Bewaffnungsmode (wenn man so sagen darf) oft noch in eine Periode hinüber reicht, in welcher bereits eine neuere Aufnahme gefunden hatte.

Wenn man das Ableben Kaiser Max I. (des letzten Ritters) gemeiniglich als das Ende des Mittelalters bezeichnet, so würde mit Gruppe Nr. 8 die erste Abtheilung (Waffen aus dem Mittelalter) ebenfalls abschließen.

Die Gruppe Nr. 9 enthält Gegenstände aus verschiedenen Perioden; sie ist deshalb an dieser Stelle dem großen

Fenster gegenüber placirt, weil hier meistens Waffenstücke vereinigt sind, die theils wegen der Seltenheit, theils wegen der Schönheit der Arbeit ein besonderes Interesse verdienen. Mit Gruppe Nr. 10 beginnt die neuere Zeit — d. h. die Zeit Kaiser Karl V. Die darauf folgenden reihen sich ebenfalls in chronologischer Folge aneinander; mit Ausnahme von Gruppe Nr. 14, welche eigentlich nach Gruppe Nr. 15 folgen sollte, und nur deßhalb vor dieser aufgestellt wurde, um die Einförmigkeit des Eindruckes zu vermeiden. Diese zweite Abtheilung schließt mit dem dreißigjährigen Kriege.

Bei der Ausschmückung der Wände war man allerdings bestrebt, eine Ergänzung der denselben gegenüberstehenden Gruppen zu ermöglichen, allein dies war nur theilweise erreichbar, da man sich eben nach dem vorhandenen Materiale richten mußte.

Was die bei verschiedenen Gruppen angefügten Bemerkungen anbelangt, so werden Sachverständige zwar wenig Neues darin finden, doch dürften dieselben Manchem, bei dem durch den Besuch dieses Waffensaales ein Interesse für die Vergangenheit erweckt wird, nicht ganz unwillkommen und überflüssig erscheinen.

Gruppe Nr. 1.

Eine große Thurmarmbrust, sammt Pfeil. Die Spannung des Bogens beträgt 5 Fuß 7 Zoll; die Höhe der Rüstung 5 Fuß.

Zwei Armschilde, von Holz, mit Leinwand überzogen, und dem Stadtwappen (Münchener Kindel) bemalt.

Vier Panzerhemden.

Sechs Streitäxte (Sturmhacken).

Eine große Armbrust. Die Spannung des Bogens

beträgt 5 Fuß 7 Zoll; die Höhe der Rüstung 3 Fuß 11 Zoll.

Acht Bündel mit Armbrustpfeilen.

Bemerkung. Die Armbrust, das heißt ein an einem Schafte befestigter Bogen, der vermittelst einer mechanischen Vorrichtung oder mit Hülfe der beiden Füße gespannt wird, war die erste Vervollkommnung der Schießwaffe, weil sie über die Rüstung hin ein Visiren des Schusses gestattete, während der Wurfspieß wie der Handbogen doch nur mehr oder weniger ein Schießen „nach dem Gefühle" erlaubte. Manche wollten behaupten, daß die Armbrust durch die Kreuzfahrer, die dieselbe im Morgenlande kennen gelernt hätten, nach Europa gekommen sei; es ist aber wohl nicht so, denn Anna Comnena, die kaiserlich byzantinische Prinzessin, geboren 1083, gestorben 1148, sagt im 10. Buche der Denkwürdigkeiten aus dem Leben ihres Vaters, des Kaisers Alexius, der beinahe fortwährend türkische und andere morgenländische Truppen im Solde hatte, ausdrücklich, bei der Gelegenheit, wo sie von der Ankunft der abendländischen Kreuzfahrer spricht, und die Armbrust und ihre Handhabung beschreibt:

„Diese Tzagra ist eine bei uns Griechen ganz unbekannte Art von Bogen. Sie wird nicht so behandelt, daß man mit der Rechten die Sehne spannt, und mit der Linken den Bogen von sich streckt; sondern man stemmt sich mit beiden Füßen gegen den Bogen, faßt die Sehne mit beiden Händen und zieht sie straff an. In der Mitte liegt eine, in Gestalt eines halben Cylinders, ausgemeiselte Röhre, von der Größe eines Pfeiles. In diese Röhre werden kleine jedoch dicke Pfeile gethan, welche die Sehne mit einer solchen Heftigkeit fortschnellt, daß sie nirgends abprallen. Sie bringen durch den dicksten eisernen Harnisch, ja man hat Beispiele, daß sie durch metallene Bildsäulen und Mauern von den größten Städten gegangen sind, oder sich doch tief in die Steine gebohrt haben. Kurz die Tzagra ist ein beinahe teuflisches Mordgewehr. Sie streckt den Menschen so plötzlich zu Boden, daß er nicht einmal den Schuß fühlt."

Sie wurde auch allgemein als eine mörderische und heimtückische Waffe betrachtet.

Im Jahre 1139 erließ sogar das zweite lateranensische Concilium unter Innocenz II. ein Interdict gegen den Gebrauch der Armbrust; Canon 29 heißt wörtlich:

„Jene mörderische und Gott verhaßte Kunst der Armbrust- und Pfeilschützen gegen Christen und Katholiken auszuüben, verbieten wir fortan bei Strafe des Bannes."

(Artem autem illam mortiferam et deo odibilem Balistariorum et Sagittariorum adversus Christianos et Chatolicos exerceri de cetero sub anathemate prohibimus.)

Hieraus scheint hervorzugehen, daß die Anwendung dieser Waffe nur gegen die Christen verboten, gegen Ungläubige hingegen erlaubt wurde, sowie daß dieselbe bei den zu Ende des eilften und Anfang des zwölften Jahrhunderts nach dem Morgenlande ziehenden Kreuzfahrern allgemein bekannt war.

Geyler von Keysersberg (geb. 1445, gest. 1510) sagt:

„Derjenige, der zuerst die Armbrust erfunden, war entweder ein Hasenfuß, oder ein Kerl, der anderen zu Schaden trachtete und seinem Feinde nicht in die Augen zu schauen wagte."

(Qui balistam primus invenit: ille aut pavidus fuit aut nocendi avidus et metuens hostes).

Die Thurmarmbruste hatten oft erstaunliche Dimensionen, die manchmal bis zu 20 ja 30 Fuß stiegen, und erhielten nach ihrer besonderen Construction auch verschiedene Benennungen als Hackenarmbruste (arbalètes à crocs) Einsatzarmbruste (de passe) u. s. w. In dem Wilbrechtsthurme dahier waren früherer Zeit 123 solcher Armbruste aufbewahrt.

Die größte Schwierigkeit bestand in der Herstellung der Gebinde der Taue, von denen alle Fäden gleichmäßig und bis zu einem Grade gespannt sein mußten, der absolut nicht überschritten werden durfte.

Der Schaft, an welchem der Bogen der Armbrust befestigt ist, heißt die Rüstung; daher der in den alten SchützenOrdnungen wiederholt vorkommende Ausdruck „aus der Rüstung schießen" nicht mißverstanden werden darf, indem er nichts anders heißt, als mit der Armbrust schießen.

Was die Projectile anbelangt, die aus der Armbrust geschossen wurden, so waren dieselben von verschiedener Form. Eine Art von Pfeilen hatte eine etwas flache, schlanke, zuweilen gefiederte oder gar mit Widerhaken versehene, die andere, gewöhnlichere hingegen eine viereckige, dem Carreau in der französischen Karte ähnliche Spitze.

Noch einer dritten Art von Pfeilen bediente man sich, die länger und dicker waren als diese beiden und Matras, Matura oder Mataris genannt wurden. Statt der Spitzen waren sie mit einem starken aber runden Eisen versehen, das Alles, Schild, Helm, Panzer und Harnisch zerschmetterte.

Aber nicht allein Pfeile, sondern auch Kugeln wurden aus der Armbrust geschossen, besonders seit der Zeit, als sie im Kriege weniger gebraucht und mehr als Vergnügungs oder Luxuswaffe betrachtet wurde. So erzählt Brantome, von der Königin Katharina von Medici (gest. 1589):

„Auch liebte sie sehr das Armbrustschießen mit Kugeln, welches sie sehr gut verstand; bei dem Spazierengehen ließ sie sich stets ihre Armbrust nachtragen, und schoß, sobald sie gute Gelegenheit dazu bemerkte."

Beinahe 600 Jahre hindurch bediente man sich der Armbrust als Kriegswaffe, und als sie endlich durch die Handfeuerwaffen verdrängt wurde, blieb ihr Gebrauch noch immer bei festlichen Gelegenheiten, besonders bei den sogenannten Vogelschießen sehr beliebt und hat sich an verschiedenen Orten Deutschlands bis in die jüngste Zeit erhalten.

Auch hier in München bestand eine Gesellschaft, unter dem Namen der Stahlschützen, die sich hauptsächlich bei ihren Zusammenkünften mit Armbrustschießen belustigte, die sich aber vor einigen Jahren auflöste.

Der verstorbene Hoffänger Pellegrini, dessen Andenken in uns Allen noch fortlebt, war nicht nur eines der eifrigsten Mitglieder der Gesellschaft, sondern auch einer der geübtesten Armbrustschützen.

Gruppe Nr. 2.

Acht Panzerhemden, sämmtlich mit Messingauszierung.
Vier Harnisch-Bruststücke von älterer Form, die gemeiniglich mit der Benennung gothische bezeichnet werden, aus dem 15. Jahrhundert.
Vierzehn Streitäxte — oder Sturmhacken.
Vier Schlachtschwerter — sogenannte „Zweihänder."
Vier Helleparten — von der älteren Form.

Bemerkung. Der Panzer — Panzerhemd — Kettenpanzer — Kettenhemd, ist von allen Schutzwaffen am längsten im Gebrauche geblieben, woraus man schließen könnte, daß derselbe sehr zweckmäßig gewesen.

Schon im eilften Jahrhundert bediente man sich desselben als der allgemeinen Kriegerkleidung, und trotz der mannigfachen Veränderung der Angriffswaffen erhielt er sich bis gegen das Ende des 15. Jahrhunderts.

Die Arbeit daran ist eine äußerst mühsame und kunstvolle, indem das eine Ende eines jeden der kleinen Ringe mit einem Oehr, das andere aber mit einem Stifte versehen ist, welcher durch ersteres durchgesteckt und hierauf vernietet und verlöthet ist. Diese einmal angenommene Verfertigungs-Art muß auch gleich anfangs als die richtige und zweckmäßigste erkannt, und nichts an derselben geändert worden sein. Die schon oben erwähnte Anna Comnena sagt im XIII. Buche der schon angeführten Denkwürdigkeiten, von den Kreuzfahrern:

„Die celtische (was bei ihr gleichbedeutend mit fränkisch oder abendländisch ist) Armatur besteht aus einem Panzerhemde, das aus lauter Ringeln zusammengesetzt und aus dem härtesten Stahl verfertigt ist, der keinen Pfeil durchläßt. Zu mehrerer Sicherheit tragen sie noch einen Schild, der sich sehr breit anfängt und spitz endigt, inwendig etwas ausgehöhlt ist und von Außen eine glänzende Politur hat. Jeder Pfeil, ein scythischer sowohl als persischer, prallt, auch wenn er aus einer Riesenhand flöge, wieder gegen den zurück, der ihn abgeschossen hat."

Eine fast komische Schilderung des Schutzes, den die Panzer gewährten, gibt der arabische Geschichtsschreiber Bohabin, in seinem Leben Saladins, wo er von den Kreuzfahrern spricht:

„Ihr Fußvolk war gleichsam die Vormauer der ganzen Armee. Seine Bedeckung bestand aus einem derben Zeuge und einem eben so festen Panzer, der aus lauter Ringeln zusammengesetzt war, so daß kein Pfeil ihnen etwas anhaben konnte. Ich habe mehrere bemerkt, auf deren Rücken wohl zehn Pfeile steckten, ohne ihnen im mindesten zu schaden."

Nachdem der Panzer gegen Ende des 15. und im 16. Jahrhundert außer Gebrauch gekommen und von den Plattenrüstungen und Krebsen verdrängt worden war, bediente man sich dennoch kleinerer Bruchstücke desselben als „Mußeisen", welche an denjenigen Theilen des ledernen Untergewandes aufgenäht oder sonst befestigt wurden, die von den Platten= Rüstungen nicht bedeckt waren — z. B. in dem Ellenbogen= Gelenke u. s. w.

Das Gewicht eines solchen Panzers der nur den Oberkörper bedeckt, wechselt zwischen neunzehn und zweiundzwanzig Pfunden bayerischen Gewichtes. Die eben vorgenommene Reinigung derselben, die sämmtlich so von Rost und Schmutz überdeckt waren, daß man nicht einmal die daran befindlichen Auszierungen mit Messingringen wahrnehmen konnte, geschah vermittelst des Leierfasses.

Die beigegebene Abbildung zeigt den Griff eines in dieser Gruppe aufgestellten „Zweihänders."

Diese Schwerter kamen in der zweiten Hälfte des fünfzehnten Jahrhunderts auf und waren ausschließlich Waffe des Fußvolkes, wurden mit beiden Händen geführt, woher ihr Name — und erhielten sich bis gegen das Ende des ersten Drittheils des sechzehnten Jahr= hunderts. Ungefähr in der Entfernung einer starken Spanne von dem Handgriffe, befinden sich an der Klinge ange= schmiedet zu beiden Seiten derselben, die Parirhaken. Der Zwischenraum zwischen demselben und dem Griffe ist jedes= mal mit Leder umgeben, weil diese Schwerter ohne Scheide auf der Schulter getragen wurden. Die Griffe, selbst sind in der Regel fein gearbeitet, geschliffen und polirt, bisweilen blau angelaufen, und die Gefäßstangen häufig mit Sammt überzogen.

Die Gesammtlänge desselben inclusive des Handgriffes beträgt sechs Fuß und zehn Zoll, die der Parirstange einen Fuß sieben Zoll.

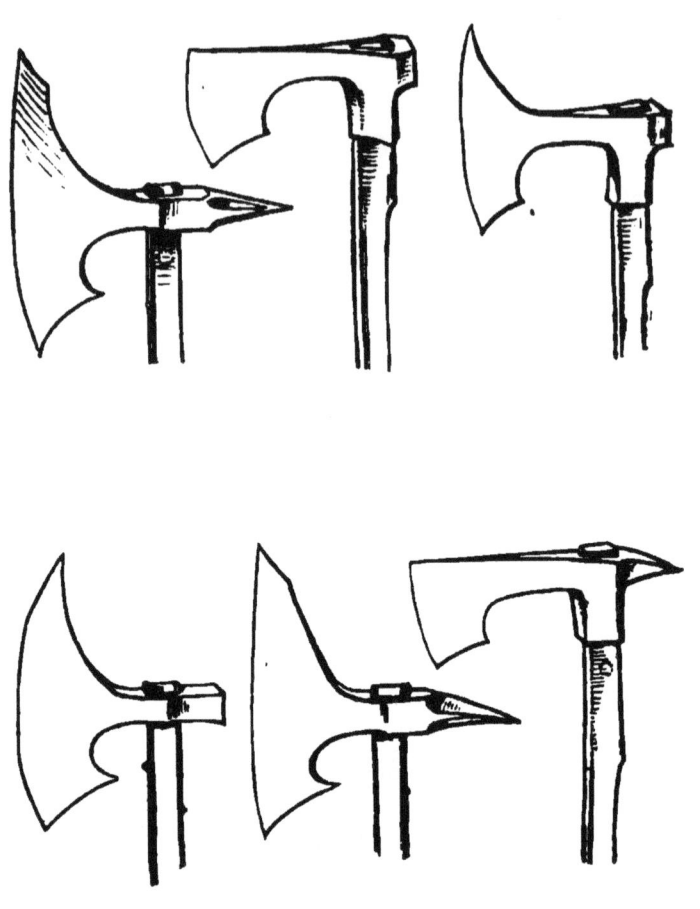

Diese Abbildungen zeigen verschiedene Formen von Streitäxten oder Sturmhacken, und geben uns einen Beweis, wie erfinderisch die Vorzeit war, um selbst die allereinfachsten Motive in verschiedenen Gestalten darzustellen. Die Schäfte derselben haben eine Länge von drei bis zu vier und fünfthalb Fuß.

45

Gruppe Nr. 3.

Neun (sogenannte gothische) Bruststücke.
Fünfzehn Zweihänder.
Sechs Streitäxte.

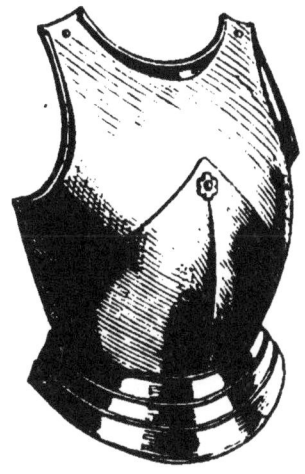

Bemerkung. Diese Plattenharnische des 15. Jahrhunderts, die man gewöhnlich gothische nennt, dienten anfänglich nur zur Verstärkung der Kettenpanzer, weßhalb sie auch über denselben getragen wurden.

Die Brust besteht aus zwei Theilen; die Platten sind jedoch nicht, wie man auf den ersten Anblick glauben sollte, doppelt, sondern die untere wird von der zweiten kaum zwei fingerbreit bedeckt; eben so sind sie auch nicht beweglich, sondern fest auf einander genietet. Diese Harnische sind wie alle älteren, schwach im Eisen; die schweren Küraße kamen erst im sechzehnten Jahrhunderte in Gebrauch, wo man sich mit denselben gegen die Feuerwaffen zu schützen suchte.

Gegen das Ende des 15. Jahrhunderts wurden sie von den sogenannten Mailänder Rüstungen verdrängt und verschwanden allmählig.

Die Abbildung zeigt einen Zweihänder von besonderer Schönheit, die Gesammtlänge desselben beträgt 6 Fuß; der Handgriff ist von durchbrochener Arbeit und seltener Schönheit — die Länge der Parirstange mißt dreiundzwanzig und einen halben Zoll.

Gruppe Nr. 4.

Eine vollständige Rüstung aus dem 15. Jahrhundert. Sie besteht aus: Helm (Salade) mit Visier, Barthaube Brust- und Rückenstück mit Schossen und Leibeisen, den Ober- und Unterarmschienen, Ellenbogen-Kacheln sammt

Eisenhandschuhen und Brustschildeln, Panzerärmeln und
Mußeisen, Ober- und Unterschenkelschienen mit Knieböck-
lein und zugespitzten Vorfüßen.
Ein Streithammer.

Bemerkung. Die spitzen schnabelähnlichen Fußbekleidungen waren schon zu Anfang des zwölften Jahrhunderts
im Gebrauche. Sie waren jedoch nur zu Pferde anwendbar, indem sie das Gehen sehr erschwerten, weshalb auch
Reiter, wenn sie das Unglück hatten vom Pferde („auf das
Land" wie Ottokar Horneck sagt) zu kommen, häufig geradezu
wehrlos wurden. Die schon mehrfach erwähnte Anna Comnena sagt im fünften Buche ihrer Denkwürdigkeiten:

„Der Franke ist fürchterlich wenn er auf seinem Rosse
sitzt; ist aber dieses gefallen, so scheint er gar nicht mehr
der vorige zu sein. Sein Schild und die langen geschnäbelten
Schuhe erschweren ihm den Gang und machen es dem
Gegner leicht ihn gefangen zu nehmen."

Im fünfzehnten Jahrhundert wurde diese Mode in der
That ins Absurde getrieben und diese Schuhe erreichten oft
eine Länge von zwei Fuß, so daß sie mit Kettchen und Bän-
dern unter dem Knie befestigt werden mußten, um das Gehen
möglich zu machen. Zu Ende des fünfzehnten Jahrhunderts
wurden sie durch die gerade entgegengesetzte Form der breiten ab-
gestutzten Fußbekleidungen verdrängt; wie an der Gruppe Nr. 7
zu ersehen ist. Diese Rüstung ist nicht nur wegen der
großen Seltenheit, sondern auch wegen der unvergleichlichen
Schönheit der Arbeit unbedingt als eine der Perlen unter
allen hier aufgestellten Schutzwaffen zu beachten, weshalb sie
auch schon mehrfach von hiesigen Künstlern, sowohl Malern
als Bildhauern, zum Studium benützt wurde.

Gruppe Nr. 5.

Sechs Helme — in der Form wie sie unter dem Namen Salade bekannt sind.

Vier glatte (sogenannte gothische) Bruststücke.

Zwei desgleichen von ausgezeichneterer Façon.

Ein Paar Panzerärmel.

Zwei kleine Handschilde, sogenannte Pavesen.

Acht Zweihänder.

Vier Helleparten.

Vier Streitärte.

Bemerkung. Die Salade war ursprünglich ohne Visier, und gestattete nur durch eine kleine horizontale Oeffnung oder einen Einschnitt, den Ausblick; erst gegen das Ende des fünfzehnten Jahrhunderts wurde ein bewegliches Visier angebracht, wie es an der Rüstung in der vorhergehenden Nummer zu sehen ist.

Die Pavesen waren kleine Handschilde, die gegen das Ende des fünfzehnten Jahrhunderts in Gebrauch kamen.

Die Abbildung zeigt einen Zweihänder von besonderer Größe; die Gesammtlänge desselben beträgt sechs Fuß und zehn Zoll, die der Parirstange zwei Fuß und einen Zoll.

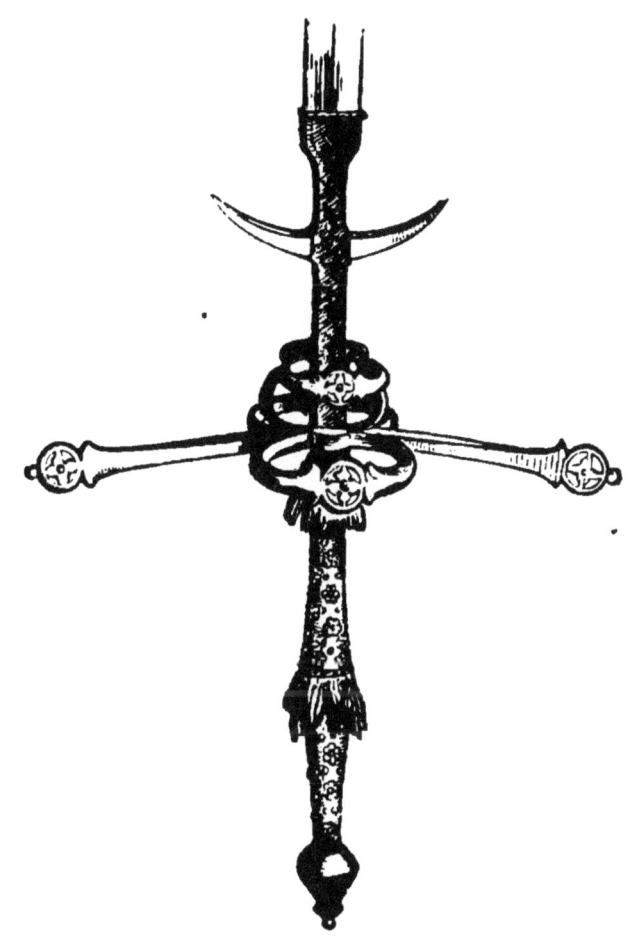

Die zweite Abbildung zeigt die ältere Form der Helleparte.

Diese Waffe kam zu Anfang des vierzehnten Jahrhunderts zuerst durch die Schweizer in Anwendung, fand aber

wegen ihrer Zweckmäßigkeit, bald überall Aufnahme und Nach=
ahmung.

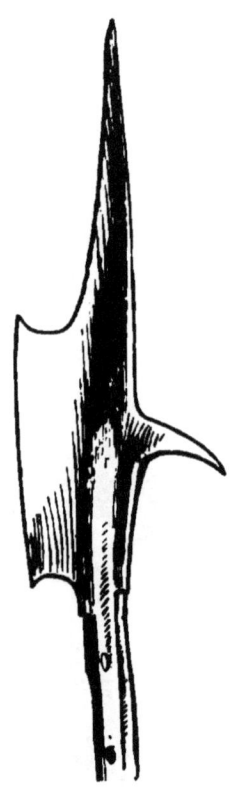

Sie erhielt sich beinahe zwei Jahrhunderte hindurch als
die Hauptwaffe, besonders der bürgerlichen Heere. Bei den
Flamändern hatte man derselben ironisch den eigenthümlichen
Namen Gon = bac — oder Goden = bac — das heißt —
Guten Tag — beigelegt.

In neuester Zeit hat man mehrseitig den Vorschlag ge=
macht, dieselbe, namentlich im Falle einer nothwendigen all=
gemeinen Bewaffnung wieder einzuführen, und hatte dabei
besonders betont, daß man mit dieser Waffe in der Hand
angewiesen sei, dem Gegner ins Weiße des Auges zu schauen,

und man dadurch, daß man durch die Natur dieser Waffe gezwungen, dem Feinde so oft und so schnell als möglich auf den Leib zu rücken, der Wirkung der Präcisionswaffen am besten begegnen, und diese am wirksamsten unschädlich machen könne.

Gruppe Nr. 6.

Acht Harnische — Brust- und Rückenstücke, Schooßen und Oberschenkelschienen.

Vier desgleichen — Brust und Rücken mit Schooßen.

Ein Harnisch derselben Form — Brust- und Rückenstück, Halsberg sammt Helm und Visier.

Vier Zweihänder.

Zwölf Flammberge.

Bemerkung. Diese Rüstungen werden gemeiniglich mit dem Namen Mailänder Rüstungen bezeichnet, während man sie eigentlich: gerippte oder cannelirte deutsche Kessel- oder Kugelharnische heißen sollte, weil dieselben vorzugsweise von den Plattnern in Nürnberg, Augsburg, Landshut, München und Innsbruck verfertigt und von da in alle Welt versendet wurden. Sie kamen zur Zeit Kaiser Max I. gegen das Ende des fünfzehnten Jahrhunderts in allgemeinen Gebrauch, erhielten sich jedoch nicht lange, kaum 40 Jahre hindurch, weil sie gegen die immer allgemeiner werdende Anwendung der Handfeuerwaffen nicht den gewünschten Schutz gewährten. Die Kugel der Schießgewehre glitt wegen der vielen Rippen und dazwischen befindlichen Rinnen nicht ab, sondern im Gegentheile wurde ihre Wirkung verstärkt eben dadurch, daß sie nach keiner Seite abweichen konnte, und ihre Kraft deßhalb auf dem Punkte, wo sie einschlug, concentrirt blieb.

Gruppe Nr. 7.

Eine vollständige Rüstung aus dem Anfange des sechzehnten Jahrhunderts. Sie besteht aus: Helm mit Visier, Halsberg, Brust mit Lanzenhaken, Schooß- und Leibeisen, Rückenstück, Ober- und Unter-Armschienen mit Ellenbogenkacheln und Eisenhandschuhen, Mußeisen, Ober- und Unterschenkel, Knieböcklein und Vorfüßen.

Ein Streitkolben.

Bemerkung. Diese Rüstung ist von ganz besonderer Schönheit, die Ausführung aller Details von besonderer Genauigkeit und der größten Sorgfalt.

Der Helm hat mehrere Nackenschienen; es ist jedoch zu

vermuthen, daß er ursprünglich nicht zu dieser Rüstung gehört habe.

Gruppe Nr. 8.

Acht Harnische — Brust und Rückenstücke, Schooß und Oberschenkel, ebenfalls sogenannte Mailänder.

Vier Harnische von derselben Form — Brust und Rückenstücke mit Schooß.

Ein Harnisch — Brust, Rücken, Halsberg, Helm mit Kamm und Visier.

Vier Helleparten.

Zwölf Flammberge.

Bemerkung. Der Flammberg, ein Zweihänder, dessen Klinge bogenförmige, jedoch nicht ganz bis zum Ende der Schwäche reichende Ausschnitte hat, wodurch das Ende der Klinge eine Zungen- oder Flammen ähnliche Form erhält, kam erst zu Anfang des sechzehnten Jahrhunderts in die Mode, erhielt sich jedoch trotz seines martialischen Ansehens ebenfalls nicht lange, wie die ihm in der bauchigen Form verwandten Mailänder Harnische, und war gleichfalls nur Waffe des Fußvolkes.

Die Form der Griffe an diesen Schwertern ist in der Regel eine und dieselbe und nur selten findet man eine Ausnahme.

Auch ist die Arbeit daran gewöhnlich eine geringere als wie man sie bei den glatten, geschlachten Zweihändern gemeiniglich findet. Die Griffe — oder Gefäße — sind meistens nur hammerfertig, das heißt — ohne Feile, Schliff und Polirung.

Der Flammberg wurde später wie die Helleparte, Paradewaffe, als welche er an verschiedenen Orten noch heute verwendet wird.

Mittelgruppe Nr. 9.

Rüstungsstücke und Waffen aus verschiedenen Perioden.

Eine reichgestickte Standarte von 1701.

Eine desgleichen von 1774.

Eine reich vergoldete Partisane mit dem bayerischen Wappen aus der Zeit Carl Alberts — 1741.

Zwei Helleparten (Halbpartisanen) mit geätzten Flügeln.

Eine Pferdekopfrüstung — glatt.

Eine desgleichen — gerippt.

Ein Pferdemaulkorb — von 1769.

Ein Stangengebiß.

Ein Trensengebiß.

Eine Pickelhaube von italienischer Form (Morion); ganz geätzt mit der Jahrzahl 1581. Auf der einen Seite des Helms ist am Dome ein heraldischer Adler und am Kamme ein Hase, der von zwei Hunden verfolgt wird, auf der anderen am Dome ein heraldischer Löwe, am Kamme ein von zwei Hunden gehetzter Fuchs dargestellt.

Ein sehr schöner spanischer Helm, auf beiden Seiten geätzt, jedoch von ganz verschiedener Zeichnung. Die eine Seite ist nämlich mit einer zusammenhängenden Arabeske ganz überdeckt, während die andere mit schräg laufenden schmalen, Blumengewinde vorstellenden, Streifen überzogen ist.

Ein Reiterhelm, mit geätzter und vergoldeter Laub-Verzierung.

Ein Harnisch — Brust und Rücken; auf der Mitte des Bruststückes ist ein Christus am Kreuze eingeätzt.

Ein Knabenharnisch — aus dem Anfang des vorigen Jahrhunderts, mit Halskranz und Schooßen, blau angelaufen mit vergoldeten Streifen. Von geringerer Arbeit, indem die Verzierungen in den vergoldeten Streifen nur eingepunzt sind.

Ein schwarzer Kugelharnisch aus der Mitte des sechzehnten Jahrhunderts — Brust, Rücken und Schoßen. Auf der Mitte des Bruststückes das Bild der Mutter Gottes in Oelfarben gemalt.

Ein reich geätzter Harnisch, — Brust, Rücken und Schooß, aus der Mitte des sechzehnten Jahrhunderts. Auf der rechten Seite des Bruststückes ist das Bild des Gekreuzigten und auf der linken das eines vor diesem knieenden Ritters eingeätzt.

Ein Degen mit reich verziertem Korb von Thomas Ayala in Toledo.

Ein Degen, in dessen Korb ein Dolch verborgen ist, der sich spaltet und somit einen Cirkel bildet und der durch eine Feder in dem Degengefäße festgehalten wird.

Stoßdegen mit durchbrochenem Korb und Hohlklinge mit der Inschrift: Thu es meiden.

Zwei Reiterdegen.

Zwei Steigbügel von schöner durchbrochener Arbeit.

Ein Paar Sporen.

Eine Pistole mit Radschloß.

Eine Pistole von besonders großem Caliber.

Bemerkung. Die Partisane unterscheidet sich von der Helleparte zunächst dadurch, daß sie statt der schlanken Spitze der Helleparte eine in der Mitte mit einem Grate versehene, messerartige, zweischneidige Klinge hat; anfänglich behielt man zwar noch die Form der Helleparte bei, aber später hatte man statt des Beiles und des Desarmirhackens der Helleparte, zu beiden Seiten der Klinge gleichförmige Ausladungen (Flügel) angebracht.

Uebrigens werden diese beiden Bezeichnungen sehr häufig miteinander verwechselt.

Der in dieser Gruppe aufgestellte Pferdemaulkorb sowie Steigbügel und Sporen sind verfertigt von J. A. v. Schönberg, Sporermeister in München, welcher, nachdem er sein Sporergewerbe aufgegeben hatte, zum Bürgermeister Supernumerarius ernannt und in den Adelstand erhoben wurde.

Der Degen mit dem reichverzierten Korbe ist von Thomas Ayala einem der berühmtesten Waffenschmiede in Toledo, der in der zweiten Hälfte des sechzehnten Jahrhunderts lebte.

An dem Zusammenflusse des Xarama und des Tajo erhebt sich auf steilen felsigen Hügeln die uralte Stadt Toledo, Hauptstadt der nach ihr benannten Provinz im Königreiche Neucastilien. Ein Gürtel von doppelten Mauern mit mehr als hundert Thürmen bewehrt, umschließt sie ringsum und stolz erhebt sich aus dem von unzähligen engen und finstern krummen Gassen durchschnittenen Chaos von Häusern, auf einem hohen Felsen die prachtvolle Kathedrale und der Alcazar, die Residenz der alten wisigothischen und maurischen Könige. Eine Bevölkerung von 200,000 Einwohnern wogte in früheren Zeiten in ihren Gassen auf und nieder, und die Pracht, der Luxus und der Wohlstand der hier herrschte, erwarb ihr den Beinamen Magnifica, die Prächtige. Fabriken von Seidenwaaren, künstlichen Geschirren und anderen Luxusgegenständen beschäftigten einen guten Theil der Bevölkerung.

Hier war es, wo hunderte von rüstigen Armen jene berühmten Degenklingen schmiedeten, deren Ruf durch alle Welt gedrungen ist, und welche selbst in Spanien ihrer Vortrefflichkeit wegen, nach dem Zeugnisse W. Jägers mit 70 bis 80 fl. unseren Geldes bezahlt wurden. Einer der berühmtesten Waffenschmiede daselbst, dessen Klingen noch jetzt in außerordentlich hohem Werthe gehalten werden, war Alonzo de Sahagon; aber eines nicht geringeren Rufes erfreute sich Thomas Ayala, der beinahe alle Fürsten der damaligen Zeit mit seinen Degenklingen versorgte.

Lange Zeit hindurch wollte man die Ursache der Vortrefflichkeit der Toledoklingen in der Eigenthümlichkeit der Mischung des Wassers vom Tajo und Xarama, dessen man sich bei der Ablöschung bediente, finden; es müssen aber noch andere, jetzt nicht mehr bekannte Ursachen zu deren Vortrefflichkeit mitgewirkt haben. Denn als im Verlauf der Zeiten die Stadt Toledo in allmähligen Verfall gerieth, der hauptsächlich durch die Engländer, welche sie im Jahre 1710 eroberten und den größten Theil des Alcazar verbrannten, beschleunigt wurde, hörte auch die Fabrication der Degenklingen gänzlich auf. König Karl III. von Spanien stellte zwar auf seine Kosten im Jahre 1770 die Fabrik wieder her und ließ die ganze Armee mit ihren Erzeugnissen ausrüsten, allein das Geheimniß der Verfertigung war für immer verloren, und diese späteren Klingen haben auch nicht annähernd die Vortrefflichkeit erreicht, wie jene aus dem 16. Jahrhundert.

Der Griff oder der Korb dieses hier aufgestellten Degens ist aus vielen einzelnen Theilen zusammengesetzt, welche durchbohrt und an einen durchlaufenden starken Draht gefaßt sind.

Die Klingen von Thomas Ayala werden häufig auch nur schlechtweg — Thomasklingen genannt.

Gruppe Nr. 10.

Dreizehn Harnische, bestehend: aus Brust und Rückenstücken, Halsbergen und Achselstücken.
Vier Helleparten.
Zwölf Stoßdegen.
Vier Helme mit Spitzen.
Fünf Helme mit Kämmen.
Vier Pickelhauben.

Bemerkung. Als der Gebrauch der Feuerwaffe immer allgemeiner und dieselbe auch allmählich mehr vervollkommnet wurde, suchte man sich gegen dieselbe durch eine zweckmäßigere Form des Brustharnisches zu sichern; man gab deßhalb demselben in der Mitte eine Erhöhung d. h. einen Grat, der im Eisen so stark war, daß eine Kugel ihn nicht durchbringen konnte, und dessen Wände sich glatt nach beiden Seiten verliefen und somit gestatteten, daß die Kugel leichter abgleiten konnte.

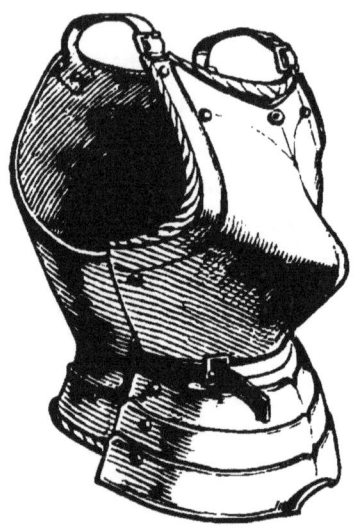

Man nannte diese Harnische, wenigstens hier zu Lande, wegen der Aehnlichkeit der Form mit einer Gänsebrust, gemeinhin: „Gänsbäuche". Mit mehr oder weniger Abänderungen hat sich diese Art von Harnischen am längsten erhalten; sie wurde jedoch häufig in Bezug auf das Gewicht auf eine Art übertrieben, daß sie dem, der sie trug, äußerst lästig werden mußte; diese Periode, das heißt insbesondere das letzte Drittheil des sechzehnten und der Anfang des siebzehnten Jahrhunderts ist es, in welcher die schwersten Rüstungen getragen wurden. Vide: die Bemerkung zur achtzehnten Gruppe weiter unten.

Gruppe Nr. 11.

Ganze Rüstung aus der zweiten Hälfte des sechzehnten Jahrhunderts — Helm mit Visier, abgekrebstes Brust und Rückenstück, Halsberg, Ober- und Unterarmschienen mit

Eisenhandschuhen, Schooßen, Ober- und Unterschenkel und
Vorfuß sammt Mußeisen.

Bemerkung. Die Harnische mit abgekrebster Brust
und Rücken stammen aus Italien; sie wurden mit besonderer
Vorliebe von den Polen und den denselben benachbarten Völkern
getragen und waren gegen Ende des sechzehnten und zu An=
fang des siebzehnten Jahrhunderts trotz ihrer Schwere sehr
beliebt; selbst Churfürst Max I. trug noch einen solchen.

Die Fabrication der Harnische stand um diese Zeit hier
zu Lande in hoher Blüthe. Ambrosius Gemlich,
Plattner in München, und Wilhelm Senfenhofer verfertigten für Karl V. und Ferdinand I. Harnische, und Jörg
Senfenhofer und Koloman Helmschmid, Plattner
von Augsburg, verschickten sogar welche bis nach Spanien.
Die Preise, die für diese Arbeiten bezahlt wurden, waren
für die damalige Zeit wenigstens, ganz anständig: so erhielt
der Plattner Franz Großschebl in Landshut, im Jahre
1568 für sechs Küraß zu schlagen, von den jungen Her=
zogen Wilhelm und Ferdinand die Summe von 1325 fl.
4 kr. 2 Pf.

Herzog Ferdinand zahlte dem Hofplattner Martin
Hofer im Jahre 1578 für einen Tournierharnisch 56 fl.

Im Jahre 1580 verfertigte der Plattner Anton
Pfeffenhaufer von Augsburg zum Frohnleichnamsfeste
hierher 7 Küraß sammt Zubehör, wofür er 577 fl. 47 kr.
erhielt.

Im Jahre 1592 war Paul Schaller Hofplattner;
und im Jahre 1606 ließen sich die Herzoge Maximilian
und Albrecht, in Augsburg bei dem Plattner Antoni
Miller zwei Kürasse zum Fußtournier schlagen, wofür sie
demselben 140 fl. bezahlten; zwei Jahre später verfertigte

Paul Bischer, Plattner in Landshut, für Herzog Max einen Feldküraß, wofür ihm 50 fl. und einen weißen polirten, wofür ihm 105 fl. vergütet wurden.

Gruppe Nr. 12.

Zwölf schwarze Harnische bestehend: aus Brust und Rückenstücken, Halsbergen und Achselstücken.

Zwölf Pickelhauben — schwarz von verschiedenen Formen.

Sechzehn Stoßdegen und zwölf Helleparten — Paradewaffen durchgehends mit schön durchbrochener Arbeit.

Bemerkung. Die Abbildung zeigt drei verschiedene Formen von Pickelhauben.

63

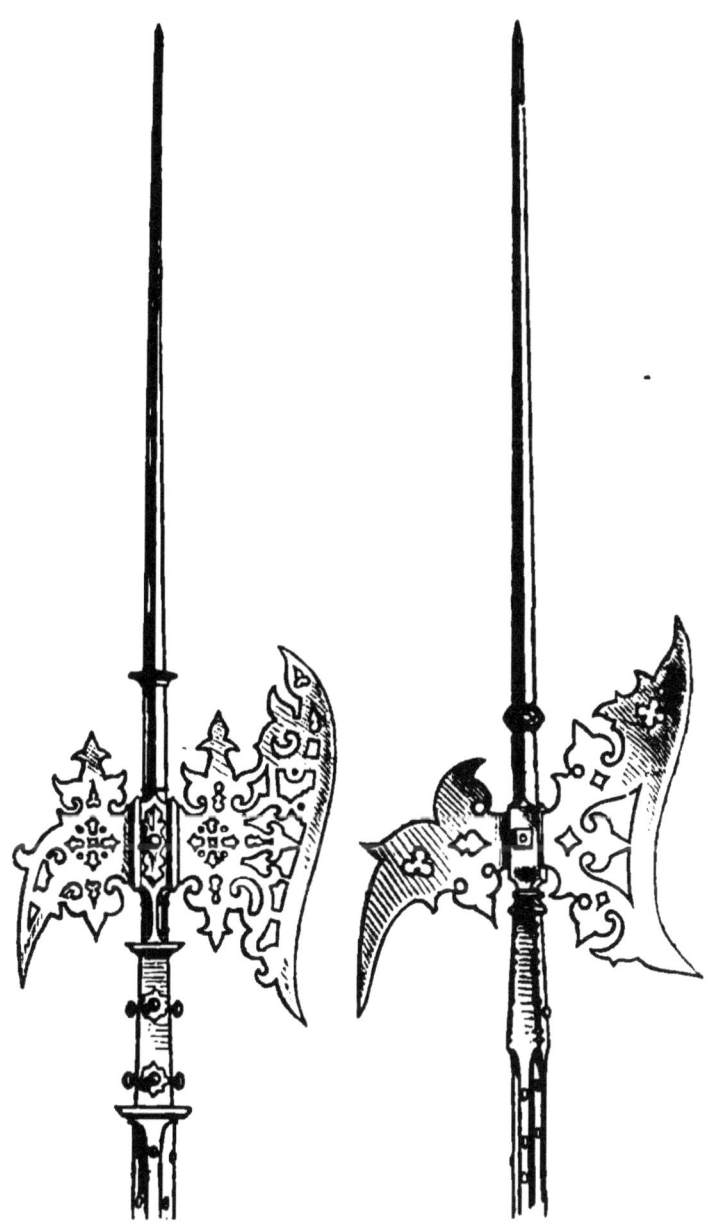

Zu Anfang des sechzehnten Jahrhunderts wurden von
Kaiser Max I. bei dem Fußvolke — den Lanzknechten —

achtzehn Fuß lange Lanzen eingeführt — und der Helleparte bedienten sich ihrer größeren Leichtigkeit wegen nur mehr Offiziere und Unteroffiziere; bei den Lanzknechten war sie folglich nie die Hauptwaffe, wohl aber bei den sogenannten Elitecorps — Hellebardieren — und deßhalb besonders bei den Leibgarden der Fürsten.

Aus diesem Grunde verlor sie auch ihre ursprüngliche einfache Form, und erscheint um die Mitte des sechzehnten Jahrhunderts als Paradewaffe, oft mit sehr kunstvoller durchbrochener Arbeit, von welcher hier einige Proben gegeben sind. Im siebenzehnten Jahrhundert finden wir sie als Partisane, lediglich als Auszeichnungswaffe der Ober- und Unteroffiziere, weßhalb die in diesem und auch noch in dem folgenden Jahrhundert gebräuchliche Redensart: on a donné une hallebarde à ce soldat nichts anderes heißt, als, man hat diesen Soldaten zum Unteroffizier gemacht. Im Verlaufe des vorigen Jahrhunderts war sie bis zu der kümmerlichen Gestalt des Kurzgewehres (Sponton — Espouton) zusammengeschrumpft, und endlich in Bayern durch Befehl vom 28. August 1778 (in Frankreich schon 1738) gänzlich abgeschafft.

Als Paradewaffe hat sie sich jedoch unter dem Namen Cuise bei der königlichen Leibgarde der Hartschiere bis auf den heutigen Tag erhalten.

Gruppe Nr. 13.

Ganze Rüstung aus dem sechzehnten Jahrhundert, bestehend aus: Helm mit Visier, Brust und Rückenstück, Halsberg, Achselstück, Ober- und Unterarmschienen mit Eisen-

Handschuhen, Schooßen, Ober- und Unterschenkel ohne Vorfuß.

Lanze.

Gruppe Nr. 14.

Dreizehn schwarze Harnische mit weiß ausgeschliffenen Streifen — vier darunter mit Lilien und Lilien ähnlichen Verzierungen — bestehend aus: Brust und Rückenstücken, Halsbergen mit Achselstücken.

Zwölf Helme mit gleichfalls weiß ausgeschliffenen Streifen, drei darunter mit Laubverzierungen.

Eine Pickelhaube mit weiß ausgeschliffener Lilie.

Acht Partisanen.

Zwölf Stoßdegen.

Bemerkung. Diese Harnische gehören dem siebzehnten Jahrhundert an, obgleich man sie häufig als Burgunder bezeichnet, wogegen jedoch die nachlässigere Arbeit spricht, weil die Schutzwaffen aus der burgundischen Zeit mit größter Sorgfalt und Genauigkeit verfertigt sind. Als Beweis möge dienen, daß mehrere der in dieser Gruppe aufgestellten Helme nicht mehr aus einem Stücke getrieben, sondern aus zwei Theilen zusammengesetzt sind.

Man darf sich deßhalb durch die darauf befindliche Lilie nicht irre leiten lassen, da es viel wahrscheinlicher ist, daß dieselben, entweder von der schweren Reiterei der Franzosen aus dem siebzehnten Jahrhundert herstammen, oder die Lilien nichts anderes als eine einfache Verzierung (Florencé) sind, ohne heraldische Bedeutung.

Gruppe Nr. 15.

Zwölf blanke Harnische — Gänsbäuche — Brust und Rückenstücke, Halsberge mit Achselstücken.
Acht Pickelhauben mit Kämmen.
Eine Pickelhaube mit Spitz.
Vier Helme mit Kämmen.
Acht Helleparten.

Gruppe Nr. 16.

Zehn schwarze Harnische — Helme, Brust und Rückenstücke, Halsberge mit Achselstücken und Schooßen.
Ein desgleichen ohne Schooßen.
Zwei und zwanzig Stoßdegen.

Bemerkung. Diese Rüstungen führen uns mitten in den dreißigjährigen Krieg und geben uns ein Bild von der schweren Reiterei — den Küraßieren — der damaligen Zeit, und dem ganzen Ernste derselben. Gustav Adolph war der erste, der die schweren Rüstungen auf Helm und Brustharnisch reducirte, wodurch er seiner Reiterei eine größere Beweglichkeit und dadurch ein bedeutendes Uebergewicht über seine Gegner gegeben hatte.

Gruppe Nr. 17.

Eine eiserne Thurmdrehbaße auf eisernem Gestelle; von rückwärts zu laden mit Hebelverschluß, sammt Wischer.
Drei Luntenstöcke mit doppelten Lanzenspitzen.

67

Bemerkung. Es ist dieses eines der kleinen eisernen Geschütze, die der Schwedenkönig Gustav Adolph bei seinem Abzuge aus unserer Stadt zurückgelassen, und welches mit acht anderen, die aber abhanden gekommen, auf den Frauenthürmen aufgestellt war, um bei besondern festlichen Gelegenheiten abgefeuert zu werden.

Es hat eine Länge von 26 Caliber und schießt $3\frac{1}{2}$ Loth Blei.

5 *

Gruppe Nr. 18.

Ein Harnisch bestehend aus: Brust und Rückenstück. Das Bruststück ist von besonderer Schwere, es wiegt zwei und zwanzig Pfund; der Rücken ist leicht und schwach im Eisen.

Bemerkung. Es ist eine allgemein verbreitete Ansicht, daß die Ritter, welche sich in früheren Zeiten so schwerer Rüstungen bedienten, Menschen von außergewöhnlicher Kraft und Körperstärke gewesen seien. Sehr belehrend ist, was der berühmte Ritter Franz de la Noue, — genannt der „Eisenarm" — er hatte bei der Belagerung von Fontenay 1570 einen Arm verloren, der ihm durch einen künstlichen von Eisen ersetzt wurde, wovon er diesen Namen bekam; er ward 1591 vor Lambale erschossen — in dieser Beziehung in seinen Discours politiques et militaires berichtet; er sagt, daß die ehemaligen Waffen der Ritterschaft von zierlicher und leichter Beschaffenheit gewesen seien bis zur Zeit König Heinrich II., (1547—59) wo er noch bejahrte Officiere einen ganzen Tag lang in ihrer vollkommenen Rüstung an der Spitze ihrer Compagnien hatte marschiren sehen; von da ab aber seien die Edelleute, von dem außerordentlichen Gewichte der Rüstungen, die man seitdem eingeführt hatte, um sich dadurch vor der Gewalt des Schießgewehres und der Pistolen zu sichern, in einem Alter von fünf und dreißig Jahren schon ganz Kreuz= und Lendenlahm gewesen.

Die Periode, in welcher bei uns in Deutschland die schwersten Harnische getragen wurden, ist die des Kaisers Rudolph II. und des Kaisers Mathias, und umfaßt deßhalb ungefähr einen Zeitraum von 30—36 Jahren.

Gruppe Nr. 19.

Am Pfeiler rechts:

Eine Rüstung aus dem Ende des sechzehnten Jahrhunderts; bestehend aus: Helm mit Visier, Halsberg, Ober- und Unterarmschienen und Eisenhandschuhen, zwei kleinen Brustschildeln, Brust und Rückenstück mit Schooßen und Oberschenkelschienen, durchaus mit Messingnägeln ausgeziert.

Ein Kugelharnisch — Brust und Rücken.
Ein Helm mit Spitze.
Zwei Helleparten.
Sechs Harnische — Brust und Rücken (Gänsbäuche).
Drei Harnische, Brust und Rücken von derselben Gattung.
Zwei Oberschenkel mit Kniekacheln.
Zwei Helleparten.
Sechs Harnische — Brust und Rücken wie die vorhergehenden Gänsbäuche und ein Halskranz mit Achselstücken.

Gruppe Nr. 20.

Diese Gruppe enthält Waffenstücke aus dem im Jahre 1705 von den bayerischen Bauern gegen die österreichische Herrschaft erregten Aufstande.

Zwei Degen.
Drei Radschloßbüchsen.
Ein Stutzen mit Steinfeuer.
Zwei Spieße.
Ein Federspieß.
Vier Dreschflegel (Drischel) mit eisernen Spitzen.
Ein desgleichen gebrochener.

Gruppe Nr. 21.

Handfeuerwaffen aus verschiedenen Perioden.
Auf dem horizontalen Gestelle:
Eine alte Büchse, großen Calibers mit Luntenschloß.
Eine desgleichen mit Haarzügen und Luntenschloß.
Zwei Büchsen mit Lunten und Radschloß, in mit Elfenbein eingelegten Schäften.
Zwei Büchsen mit Radschloß und reicher Garnitur in vergoldetem Messing.
Zwei Musketen mit Steinfeuer.
Eine Muskete mit Percussionsschloß.
Eine desgleichen mit broncirtem Laufe.

Bemerkung. Das zuerst bei den Handfeuerwaffen angewendete Schloß war das Luntenschloß; und obgleich das um die Mitte des sechzehnten Jahrhunderts erfundene Radschloß viel zuverlässiger war und durch dasselbe viele Uebelstände, denen das Luntenschloß z. B. durch das feucht werden der Lunte und andere Umstände ausgesetzt war, beseitigt wurden, erhielt sich dasselbe doch noch bis gegen das Ende des siebzehnten Jahrhunderts. Das Radschloß gewährte, wenn man die Umständlichkeit des Aufziehens mit dem Schlüssel abrechnet, viele Vortheile, und hatte selbst vor dem nach ihm in Gebrauch gekommenen Steinfeuerschloß den unbestreitbaren Vorzug, daß es durch die leise Bewegung, womit es das Pulver auf der Pfanne entzündete, die Lage des Rohres nicht erschütterte, und der Schuß folglich ein viel sicherer war. Das Steinfeuerschloß ward schon gegen die Mitte des siebzehnten Jahrhunderts in Frankreich erfunden, weßhalb es auch gewöhnlich das französische Schloß genannt wurde. Das Radschloß blieb aber, wegen seiner vielen Vorzüge, doch noch lange im Gebrauch und besonders bei

Scheibenschießen bediente man sich desselben noch bis in unsere Zeit. Das Percussionsschloß ist eine Erfindung unseres Jahrhunderts; und finden wir desselben zuerst erwähnt im Jahre 1807, in welchem Fortsythe sich ein Patent darauf erwarb.

Auf dem runden Gestelle:

Vier Büchsen mit Rad- und Luntenschloß in schwarzer Schiftung.

Zwei Büchsen mit Rad- und Luntenschloß in schwarzer Schiftung mit Elfenbein eingelegt.

Fünf Büchsen mit Rad- und Luntenschloß in brauner Schiftung mit Elfenbein eingelegt.

Zwei Büchsen mit Radschloß in brauner Schiftung mit Elfenbein eingelegt.

Eine Büchse mit Radschloß in schwarzer, gerüpfter (für das linke Auge gerichteter) Schiftung.

Zwei Damengewehre mit Radschloß.

Ein Stutzen mit Steinfeuer von eigenthümlicher Construction, auf sechzehn Schuß gerichtet, mit der Inschrift: „Fecit et invenit Lieutnant Wetschg. v. Au."

Eine Pistole mit Radschloß in schwarzer Schiftung und mit in Elfenbein auf den Kanten verziertem birnförmigen Knopfe.

Zwölf Pistolen mit Radschloß in schwarzer Schiftung mit Kugelgriffen.

Dreizehn Pistolen mit Radschloß von Lazarinischer Construktion und Schiftung.

Vierzehn Pulverhörner von verschiedener Form.

Bemerkung. Bis in die Mitte des siebzehnten Jahrhunderts, also bis zum Ende des dreißigjährigen Krieges, waren die schwerfälligen Pistolen mit den runden Knöpfen im Gebrauche. Die Italiener Cominazi und Lazarino Lazarini brachten zuerst 1644—50 die schlanke Schiftung der Pistolen in Aufnahme; sie verringerten zu gleicher Zeit das Caliber, und verfertigten die Läufe, für welche sie ein äußerst weiches Eisen verwendeten, ebenfalls viel leichter.

Gruppe Nr. 22.

Diese Gruppe enthält Waffen der Tyroler aus dem Kriege von 1809.

Ein Morgenstern.
Säbel eines Bauernanführers.
Fünf Wender, mit aus Degenklingen verfertigten Bajonetten.
Fünf Stutzen mit Steinfeuer.
Eine Büchse.
Ein Bock, beide ebenfalls mit Steinfeuer.

Gruppe Nr. 23.

Am Pfeiler links.

Eine Rüstung aus dem Ende des sechzehnten oder Anfange des siebzehnten Jahrhunderts bestehend: aus Helm mit Visier, Brust und Rückenstück, Ober- und Unterarmschienen mit Eisenhandschuhen und Oberschenkelschienen.
Ein Mailänder Harnisch — Brust und Rückenstück.
Ein Helm mit Spitze.
Zwei Helleparten.
Sechs Mailänder Harnische — Brust und Rückenstücke.
Ein Helm mit Visier.
Drei Mailänder Brust und Rückenstücke.

Ein Helm mit Spitze.
Zwei Hellebarten.
Sechs Brust und Rückenstücke mit einfachen Rippen.
Ein Halsberg mit Achselschienen.

Gruppe Nr. 24.

Ein blanker Harnisch — Brust und Rückenstück.

Bemerkung. In dem Bruststücke dieses Harnisches, welcher dem Churfürsten Max Joseph III. zugeschrieben wird, befindet sich ein Futter von Leder, auf welchem nachfolgend verzeichnete Cavaliere, die in diesem Harnische den Ritterschlag empfingen, eigenhändig ihre Namen eingeschrieben haben, als:

1762. Sigmund Graf von Haslang.
1766. Johann Marquart Graf von Kreith.
1767. Graf von Nogarola.
1767. Maximilian Joseph Freiherr von Mayrhofen und endlich
1768. Max Joseph Reichsfreiherr v. Gumpenberg-Breitenegg.

Gruppe Nr. 25.

Vier alte seidene Fahnen in schwarz und gelben Rauten (der Münchener Stadtfarbe), sogenannten Spitzwedeln.

Eine Fahne von 1795 (Grenadierfahne) mit dem Bilde der Mutter Gottes und dem Münchener Kindel mit der Inschrift: „S. P. Q. M." (Senatus populus que monacensis.)

Eine Roulirtrommel.

An den Wänden, zunächst der Decke, gleichsam als Fries, sowie an den beiden Durchzügen befinden sich:

Zwei Hundert und vierzehn ordinäre schwarze Pickelhauben.

Neun und zwanzig schwarze Pickelhauben mit Kamm.

Sechs und fünfzig schwarze Reiterhelme.

Acht und vierzig blanke Reiterhelme.

Fünfzehn blanke Pickelhauben.

Die Wände des Waffensaales sind einfach mit Holztafeln verkleidet, deren Fugen mit Latten verdeckt sind, wodurch Felder gebildet werden, die man bei der Aufstellung benützt hat.

Feld 1.

Acht blanke Bruststücke von älterer Form.

Feld 2.

Eine schwarze Kesselhaube.
Eine blanke Kesselhaube.
Drei Helleparten von älterer Form.
Ein blankes Bruststück.
Zwei Zweihänder.

Feld 3.

Vier Harnische — Brust und Rückenstücke.
Drei Zweihänder.
Zwei Streitäxte.
Ein Streithammer.

Feld 4.

Zwei Helleparten.
Zwei Bruststücke.
Drei Zweihänder.

Feld 5.

Vier gerippte Kugelharnische — Brust und Rückenstücke.

Eine eiserne Lanze.

Zwei gerippte Kugelharnische — Brust und Rücken, Schooßen, sammt Oberschenkelschienen.

Feld 6.

Zwei Helleparten.

Zwei Bruststücke.

Zwei Zweihänder.

Ein Zweihänder, von welchem eine Abbildung gegeben ist.

Feld 7.
Vier gerippte Kugelharnische — Brust und Rücken.
Drei Flammberge.

Feld 8.
Sechs Flammberge.
Zwei Ober- und Unterarmschienen mit Ellenbogenkachel.
Längst dieser acht Felder, an der Decke befestigt, in einem Abstande von 14 Zoll:
Eine Sturmstange.

Man dürfte vielleicht die Vermuthung wagen, daß dieses der oben auf pag. 6 erwähnte Schwengel jenes Friedberger Antwerkes gewesen, den die Münchener nicht unwahrscheinlich mit sich genommen und in ihrem Zeughause als Trophäe aufbewahrt hatten.

Feld 9.
Drei Bruststücke.
Ein Halsberg mit Achselstücken.

Feld 10.
Vier einfache Kugelharnische — Brust und Rückenstück, Halsberg mit Achselstücken, Schooßen und Oberschenkelschienen.
Ein einfacher Kugelharnisch — Brust und Rückenstück, Halsberg mit Achselstücken, Schooßen und Helm.
Drei Halsberge mit Achselstücken.
Ein Helm.
Sechs Helleparten.

Feld 11.
Vier einfache Kugelharnische — Brust und Rücken-

ſtück, Halsberg mit Achſelſtücken, Schooßen und Ober=
ſchenkelſchienen.

Ein einfach gerippter Kugelharniſch — Bruſt
und Rückenſtück, Schooß und Oberſchenkelſchienen, Hals=
berg mit Achſelſtücken und Helm.

Drei Halsberge mit Achſelſtücken.

Ein Helm.

Sechs Lanzen.

Zwei desgleichen mit kurzem Schaft.

Zwei Helleparten.

Feld 12.

Fünf Helleparten.

Zehn Stoßdegen mit Korb.

Am Stiegenhausthurme:

Feld 13.

Fünf Helleparten.

Eine Trabantenhaube mit tuchener Ueberkappe.

Ein ſchwarzes Bruſtſtück.

Neun Stoßdegen.

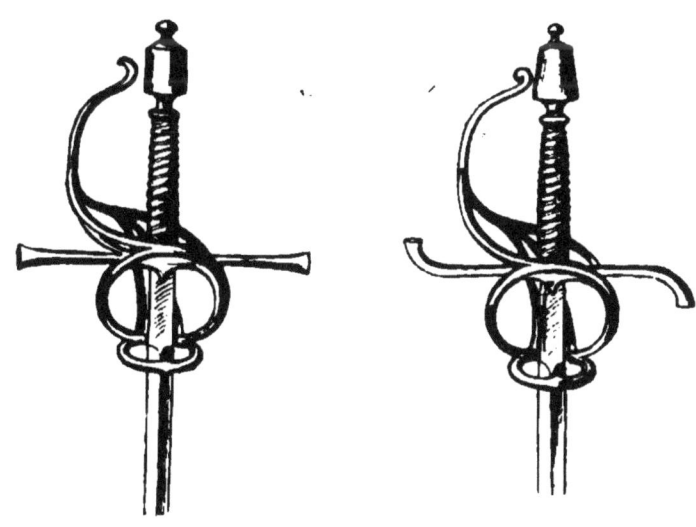

Diese Degen, welche in der zweiten Hälfte des sechzehnten Jahrhunderts in Gebrauch kamen und sich bis in die Hälfte des siebzehnten erhielten, stammen der Form nach aus Spanien. Die Klingen sind schmal aber stark, und haben eine Länge von drei bis vierthalb Fuß vom Korbe ab gerechnet. Sie werden auf die verschiedenste Art bezeichnet; bald heißen sie: Spanische, bald altdeutsche Degen, Rapier mit eisernem Korb, Panzerstecher, Reiterdegen, Stoßdegen u. s. w. Die Körbe derselben sind sämmtlich nur hammerfertig.

Feld 14.

Fünf Helleparten.
Acht Stoßdegen.
Drei Helleparten von außergewöhnlicher Form.

Feld 15.

Eine Partisane.
Zwei Helleparten.
Vierzehn Stoßdegen.
Eine Trabantenhaube.
Ein einfacher Halsberg.

Feld 16.

Fünf Helleparten.

A. Ein Kasten von Eichenholz mit Glaswänden; Uniformstücke Sr. Majestät des höchstseligen Königs Max II. enthaltend.

Eine Czapka mit Busch und goldenen Epaulettes des kaiserlich russischen Uhlanenregiments: „König von Bayern."

Zwei Helme schwarz und vergoldet, sammt dem Brustharnisch des kaiserlich österreichischen Küraßier-Regiments „König von Bayern" mit der seidenen Schärpe.

Ein königlich preußischer Infanteriehelm.
Ein bayerischer Chevauxlegershelm.
Ein photographisches Portrait Sr. Majestät in vergoldeten Rahmen.

B. Ein Kasten wie der vorhergehende. Er enthält die Uniform des höchstseligen Königs Max II. als Oberst des königl. bayerischen Infanterie-Leibregiments, bestehend: aus Waffenrock, Beinkleid, Helm und Halsbinde.

Ein photographisches Portrait des Königs in vergoldeten Rahmen.

Ein Lorbeerkranz, der von Seite der Landwehr am Sarge Sr. Majestät niedergelegt war.

Feld 17.

Zehn Degen der ehemaligen Stadttrabanten mit vergoldeten Messinggriffen.

C. Ein Kasten von Eichenholz mit Glaswänden, mit einer kleinen Büste des Königs Max Joseph I. in Messingguß.

Die reich gestickte Uniform des Königs Max Joseph I., welche derselbe bei der Eröffnung des ersten Landtages im Jahre 1818 getragen, sammt weißer Weste, Halsbinde, Gallahut, Degen mit vergoldetem Griffe und gestickter Kuppel, nebst drei Ordensbändern.

Lithographisches Portrait des Königs in vergoldeten Rahmen.

D. Ein Kasten, wie der vorhergehende mit dem Uniformsrock des Marschalls Fürsten von Wrede, welchen derselbe 1809 in der Schlacht bei Wagram getragen, und in welcher der Fürst, damaliger königlich bayerischer Generallieutenant durch einen Kanonenstreifschuß in der rechten Seite in dem Augenblicke verwundet wurde, als er mit gehobenem Degen seine eben auf dem Schlachtfelde angekommenen Batterien hart an die feindlichen Linien vorführte, Weste, Halsbinde und vergoldetem Degen sammt dem lithographischen Portrait des Fürsten in vergoldetem Rahmen.

Feld 18.

Vier Offiziersdegen.
Ein Landwehroffiziers-Schwert mit Kreuzgriff.

Gruppe Nr. 26.

Ein silberner Pokal unter Glassturz; von dem am 1. März 1856 verstorbenen, ehemaligen Landwehr-Oberst Anton Schindler — laut testamentarischer Bestimmung der Landwehr Münchens zum Geschenke gemacht.
Der Degen desselben.

Gruppe Nr. 27.

Ein schwarzer Harnisch aus dem sechzehnten Jahrhundert — und zwar Brust und Rückenstück, Halsberg mit Achselstücken, Schoßen und Oberschenkelschienen.
Eine Helleparte von schöner durchbrochener Arbeit.
Zwei Stoßdegen.

Gruppe Nr. 28.

Ein blanker Harnisch — Brust und Rückenstück, Hals=

berg mit Achselstücken, Schooßen und Oberschenkelschienen, von besonders schöner Arbeit, aus dem Anfange des siebzehnten Jahrhunderts.

Eine **Helleparte** mit schöner durchbrochener Arbeit.
Ein **Stoßdegen** mit moderner Klinge.

Gruppe Nr. 29.

Ein **schwarzer Harnisch** — Brust und Rücken abgetrebst — vide: Gruppe Nr. 11 — von besonderer Schwere, Halsberg mit Achselstücken und Oberschenkelschienen.

Diese Art von Harnischen ward besonders zu Anfang des siebzehnten Jahrhunderts häufig getragen.

Eine **Helleparte**.
Zwei **Stoßdegen**.

Feld 19.

Zwei **schwarze Pickelhauben** von sogenannter italienischer Form.
Ein **schwarzes Brust und Rückenstück** mit Halsberg und Achselstücken sammt Helm.
Zwei **Pistolen** (Lazarinische Schiftung).

Feld 20.

Sechs **schwarze Brust und Rückenstücke** mit ordinärem Halsberg.
Vier **schwarze Brust und Rückenstücke**.

Feld 21.

Zwei **schwarze Brust und Rückenstücke** mit Halsberg und Achselstücken sammt Helm.
Zwei **schwarze Brust und Rückenstücke**.
Eine **Pickelhaube**.

Feld 22.

Zwei schwarze Brust und Rückenstücke mit Halsberg und Achselstücken sammt Helm.
Zwei schwarze Brust und Rückenstücke.

Feld 23.

Sechs schwarze Brust und Rückenstücke mit Halsberg.
Vier schwarze Brust und Rückenstücke.
 Unter dem Fenster:
Zwei schwarze Halsberge mit Achselstücken.

Feld 24.

Sechs schwarze Brust und Rückenstücke mit Halsberg und Achselstücken sammt Helm.
Drei schwarze Brust und Rückenstücke.
Zwei schwarze Halsberge mit Achselstücken.
 Unter dem Fenster:
Zwei schwarze Halsberge mit Achselstücken.

Feld 25.

Sechs schwarze Brust und Rückenstücke, Halsberg, Achselstücken und Helm.
Vier schwarze Brust und Rückenstücke.
Vier Pickelhauben von sogenannter italienischer Form.
 Unter dem Fenster:
Zwei schwarze Halsberge mit Achselstücken.

Feld 26.

Sechs schwarze Brust und Rückenstücke mit Halsberg, Achselstücken und Helm.
Drei schwarze Brust und Rückenstücke.

Vier Pickelhauben von italienischer Form.
Zwei Halsberge mit Achselstücken.
   Unter dem Fenster:
Zwei schwarze Halsberge mit Achselstücken.

Feld 27.

Drei blanke Brust und Rückenstücke mit Halsberg und Achselstücken.
Ein Halsberg mit Achselstücken.

Feld 28.

Drei Helleparten.

Feld 29.

Vier blanke Kugelharnische — Brust und Rückenstücke, nebst einfachem Halsberg.
Ein blanker Kugelharnisch — Brust und Rückenstück, Halsberg mit Achselstücken.
Ein Halsberg mit Achselstücken.
Vier Reiterdegen.

Feld 30.

Fünf Helleparten.
Dreizehn Reiterdegen.
Eine Pickelhaube italienischer Form.

Feld 31.

Drei schwarze Harnische — Brust und Rückenstück sammt Helm mit blank ausgeschliffenen Streifen.
Zwei schwarz geschifte Radschloßpistolen mit Kugelknopf.
Zwei schwarze Trabantenhauben.
Ein schwarzer Halsberg mit Achselstücken.
Drei Reiterdegen.

Feld 32.

Fünf Partisanen.
Vierzehn Reiterbegen.
Drei Esponton's.
Zwei Esponton's mit kurzem Schaft.

Feld 33.

Fünf blanke Kugelharnische — Brust und Rücken, Halsberg mit Achselschienen.
Vier Reiterbegen.
Ein Halsberg mit Achselstücken.

Feld 34.

Fünf Helleparten.
Dreizehn Reiterbegen.
Eine Pickelhaube.

Feld 35.

Acht blanke Bruststücke.

Die Zeugkammer.

In der Zeugkammer sind diejenigen Gegenstände aufbewahrt, welche man in dem Waffensaale nicht mehr unterbringen konnte, sowie auch diejenigen, deren Aufstellung in dem Waffensaale man nicht für passend erachtete. An den Wänden zunächst der Decke befinden sich in doppelten Reihen einhundert und zwölf schwarze Reiterhelme.

Links von der Thüre:

Feld 1 und 2.

Zwanzig zum Theil schadhafte Helleparten,

Partisanen und Spieße von verschiedener Form und Länge.

Feld 3.

Fünf Paar Anschnallsporen.
Ein griechischer Uhlanensäbel sammt Scheide.
Eine Mistgabel.
Ein Haurapier.
Ein Filzhut.

Letztere drei Gegenstände als Erinnerung an das Jahr 1848 — vide: pag. 31.

Feld 4 und 5.

Ein in Kupfer getriebenes Schildel, das Münchener Stadtwappen (Münchener Kindel) vorstellend, mit der Jahreszahl 1685. Um dasselbe als Rosette:
Zwölf Spontonspitzen aus der Zeit des Churfürsten Carl Theodor, mit dessen Namenszug.
Sechs Zünftespontons.
Zwei Winden.
Ein Punktsucher.
Eine Zange von complicirter Construction.
Eine Kugelform auf neun Kugeln.
Eine desgleichen auf eine größere Kugel.
Eine desgleichen — kleinere.

Feld 6.

Das Scharfrichterschwert, mit welchem vor der Einführung des Fallbeiles im Jahre 1853 die letzte Execution vollzogen wurde.
Ein kleines Schwert, auf dessen Klinge ein Crucifix eingeätzt ist.
Ein älteres Scharfrichterschwert, mit welchem der

Sage nach 99 Enthauptungen vollzogen wurden. Auf der Klinge befindet sich folgende Inschrift:

Vim veire pellere lcicit,

für welche wohl diese Erklärung passen dürfte:

Vim vi repellere licet.

(Gewalt soll man mit Gewalt unterdrücken.)

Sechs Lonen.

Zwei in Eisen getriebene Thürbänder sammt dergleichen Kegeln.

Vier Hufeisen.

Bemerkung. In dem bürgerlichen Zeughaus wurden früher auch die vorzüglicheren Meisterstücke geschickter Handwerker, zur Nacheiferung Anderer aufgestellt. Von da stammen die künstlichen Schlösser in Feld 7, sowie die schweren Hufeisen, welche die jungen Schmiedemeister blos vom Ansehen des Hufes richtig schmieden mußten, ohne sie aufpassen zu dürfen.

Feld 7.

Vier Flaschenzüge.

Drei Armbrustwinden von verschiedener Größe.

Sechs große Vorlegschlösser.

Zwei Griffe.

Ein Bund mit alten Schlüsseln.

Feld 8 und 9.

Sechs schwarze Brust und Rückenstücke.

Vier Pionierbeile.

Drei Pfeifenköcher.

Diese Pionierbeile wurden vor einigen Jahren außer Gebrauch gesetzt und an ihrer Stelle die Aexte eingeführt.

Feld 10 und 11.

Pfeiler zwischen den beiden Fenstern:
Ein Trink- und Signalhorn.
Zwei schwarze Helme mit Visier.
Zwei schwarze Helme.
Vier Pionierbeile.
Ein geschnitzter Kasten vom Jahre 1687.
Zwei geschnitzte und gefaßte Löwen mit Wappenschilden.
Ein Spiegel in nußbaumenem Rahmen.

Feld 12 und 13.

Neun schwarze Brust und Rückenstücke.
Sieben Pionierbeile.
Drei Pfeifenköcher.

Feld 14.

Vier Pistolen mit Steinfeuer.
Ein Schwert aus dem vierzehnten Jahrhundert, auf den Feldern von Sendling gefunden; vom Roste sehr zerstört.
Zwei Zündkrauthörner.
Zwei Hirschfänger mit breiter Klinge.
Ein desgleichen mit schmaler, blau angelaufener Klinge.
Ein desgleichen mit Terzerol.
Ein türkischer Yatagan mit Lederscheide.
Ein Schwert aus der ersten französischen Revolution in einer Scheide von Messing und rothem Tuche.
Ein vergoldeter türkischer Steigbügel.
Ein kurzes, breites Messer, mit dem churbayerischen Wappen in reicher Vergoldung und den darüberstehenden Anfangsbuchstaben A. H. I. O. V. N. B. = Albrecht, Herzog in Ober- und Niederbayern; ein sogenanntes Schweißmesser auf Jagden gebräuchlich.

Ein großes Schnappmesser.
Drei Pulverhörner von verschiedener Form.

Feld 15.

Vier Pistolen mit Steinfeuer.
Eine größere Pistole.
Sechs Zündkrauthörner.
Fünf kleine Kugellehren.
Eine große Kugellehre.
Eine Tafel mit dem Stadtwappen, worunter sich eine Beschreibung des großen Münchener Hauptstückes: der Mönch, befindet, wovon weiter unten pag. 96 eine Abschrift gegeben ist.
Ein kunstreiches Luntenschloß, einen Drachen vorstellend.
Ein Rad- und Luntenschloß.
Zwei Pistolen.
Ein Zündkrauthorn.
Zwei Radschlösser.

Feld 16.

Vier Pistolen.
Ein Schellen- oder Glockenbaum mit dem Halbmonde; früher bei der sogenannten türkischen Musik in Gebrauch.
Zwei Zündkrauthörner.
Zwei Pallasche mit Messinggriffen.
Zwei Artilleriesäbel mit eingeätztem Maßstabe.
Ein Säbel mit Messinggriff.
Ein Degen mit Messinggriff und blau angelaufener Klinge.
Ein Säbel mit Stahlgriff und blau angelaufener damascirter Klinge.
Ein Zünftesponton.

Feld 17.

Drei schwarze Brust und Rückenstücke.
Eine Pickelhaube.
Zwei Pionierbeile.

Feld 18.

Fünf Jägerhörner.
Vier Pionierbeile.
Ein Helm.
Vier imitirte Schwerter.

In den Ecken dieses Gemaches sind noch weiter folgende Gruppen aufgestellt:

Gruppe Nr. 1. Das Guttmannische Rad.

Bemerkung. Gegen Ende des siebzehnten Jahrhunderts und zu Anfang des achtzehnten lebte in Lechhausen der Wagnermeister Johann Guttmann, der wegen seiner Geschicklichkeit in großem Rufe stand. Im Jahre 1692 machte er in einem Tage ein kunstreiches Wagenrad und trieb es von Dasing bei Friedberg nach Dachau.

Das zweite verfertigte er 1709 und trieb es von Lechhausen nach München; welche Begebenheit an dem Gasthause zum Oberpollinger in der Neuhausergasse abgebildet ist. Dieses Rad ist das hier aufbewahrte. Es hat die Umschrift:

„Anno 1709 den 20. Juli hat Meister Johann Guttmann, Wagner zu Lechhausen, dieses Rad in einem Tag verfertigt, einer heiligen Messe beigewohnt, das Holz vom Handwerk dazu dargereicht, ein Meister von Augsburg, der andere von Friedberg, und ist früh ohne Licht um 7 Uhr ohne Fehler verfertigt worden, an Herumwegs in neun Wirthshäusern eingekehrt, dann vor gesperrtem Thor allhier angekommen."

Eine gleichfalls vorhandene Tafel stellt diese Begebenheit dar; es ist ein ziemlich werthloser Kupferstich, den der bürgerliche Silberarbeiter Peter Streißl im Jahre 1804 auf seine eigenen Kosten illuminiren und mit einem Glase versehen ließ.

Noch ein drittes Rad verfertigte Guttmann im Jahre 1725, welches er ebenfalls von Lechhausen nach München, aber diesmal in die Residenz trieb.

Er starb in nicht günstigen Verhältnissen.

Gruppe Nr. 2.

Acht Cavallerie-Carabiner mit Bajonetten.

Gruppe Nr. 3.

Sechs verschiedene Mustergewehre aus neuerer Zeit.

Ein Tisch mit eingelegtem Blatte von Erlenmaser.
Drei Stühle mit geschnitzten Lehnen.
Ein Tisch mit dem Fremdenbuche.

Bemerkung. Den übrigen Raum dieses Stockwerkes nimmt der Exercirsaal ein, welcher keine weitere Ausschmückung hat, als die geschnitzten und gefaßten Wappen der drei Städte: München, Landshut und Straubing.

Das erste Stockwerk.

Dieses Stockwerk enthält nunmehr alle Bureau's und Commissionszimmer der königlichen Landwehr, sowie den sogenannten großen Saal, welcher hauptsächlich zu Versammlungen, Rechnungsablagen, sowie zur Leistung des Fahneneides, zu Wahlverhandlungen und so weiter bestimmt ist. Er ist geschmückt mit der Büste Seiner Majestät des Königs Ludwig II., umgeben von einer großen, reichen Trophäe, welche aus nachfolgend verzeichneten Waffen und anderen militärischen Gegenständen gebildet wird, als:

„Drei außer Gebrauch gesetzten Fahnen des Landwehr-Regiments München, einer Fahne des Bataillons Au, zwei Fahnen des Landwehrfreikorps vom Jahre 1848, den zwei unter Commando Sr. königl. Hoheit Herzog Max gegossenen Drei-Pfünder-Kanonenrohren, vier Carabinern mit Granatbechern, sechs älteren Gewehren mit kurzen Bajonetten, zwei Jägerordonanzstutzen mit Haubajonetten, sechs Pistolen, sechs Degen mit Messinggriffen, zwei Pionierbeilen, zwei Pionieräxten, zwei Säbeln mit eisernen Körben, zwei Pfeifenköchern und zwei Pauken mit silbergestickten Paukenmänteln. Zu beiden Seiten dieser Mittelgruppe sind auf zwei Seitenpyramiden gleichmäßig vertheilt: Achtzehn Gewehre mit Bajonetten, sechs und dreißig alte Infanteriesäbel, achtzehn Gewehrläufe, vier Jägerhörner, sechs Pionierbeile, sechs Trommeln, ein Jäger- und ein Füsilier Czako"

Den Hintergrund zu dieser Gesammt-Trophäe macht ein großes churbayerisches, in Holz geschnitztes und gefaßtes Wappen, zu dessen beiden Seiten die Büsten Ihrer Majestät der Königin-Mutter und des höchstseligen Königs Max II., aufgestellt sind, an welche die in Oelfarben gemalten Bildnisse Sr. Majestät des Königs Ludwig I. und seiner am 26. October 1854 verstorbenen Frau Gemahlin der Königin Theresia sich anreihen und die Decoration abschließen.

Wachtstube, ältere und neuere Artillerie.

Im Erdgeschosse des Zeughauses zunächst der Straße befindet sich das Wachtlokal der Landwehr; es nimmt die ganze Breite des Gebäudes ein und hat eine Tiefe von beiläufig 26 Fuß. In demselben findet auch die Abgabe der Gewehre an die jungen Bürger statt, sowie die Wiedereinlieferung der Waffen von Seite derjenigen, die aus dem Landwehrverbande ausscheiden.

Diese Localität wurde schon im Jahre 1852 für Wacht- und Bereitschaftsdienst der Landwehr eingerichtet und ist bei dem Umbau unverändert geblieben, sie ist von Herrn Maler J. Schwarzmann auf eine dem Zweck entsprechende Weise ausgestattet.

In den durch die Gurten des Gewölbes gebildeten Zwickelfeldern sind verschiedene, aus alten Waffen zusammengesetzte Trophäen abgebildet, während auf der runden durch den kleinen Stiegenthurm bedingten Wand, mit flüchtigen Strichen, in dem Charakter improvisirter Kohlenzeichnungen allerlei militärische Scenen hingeworfen sind, unter welchen sich jedesmal ein erklärender Reim befindet.

Diese Reimsprüche athmen vollkommen den Geist einer echten, bisweilen übermüthigen Wachtstuben-Laune und selbstbewußter Corporalspoesie, wie beispielshalber:

„Wenn ein Soldat im Feld
Seinem Herrn dient treu
Hat er auch nicht viel Geld
Hat er doch Ehr dabei."

und:

> „Der Hackenschütz der spannt
> Sein Büchs, pfeift den Discant
> Feldschlange singt den Alt dabei
> Den Baß brummt die Carthaune
> Das giebt die schönste Melodei."

oder:

> „Im Münchener Zeughaus wohlbewahrt
> Findt' sich viel Flammberg und Hellebart,
> All' Gattung edler Waffenzier
> Für offenen Feldkampf und Tournier
> Davon Rath Specht, dem Gott genad'
> Sechs Wägen voll verkaufet hat,
> Wohl um 3 Kreuzerlein das Pfund,
> Dieweilen er nichts davon verstund.

An den Wänden sehen wir die Wappen des königlichen Hauses Bayern und des Herzogs Max, sowie die derjenigen Männer aus der neuern Zeit, deren Namen mit der Geschichte der Stadt enge verwebt sind, während in den Zwickeln des Deckengewölbes, die der älteren Geschlechter angebracht sind. Durch die anstoßende Wohnung des Hausmeisters und Aufsehers des Gebäudes, und das, den Aufgang in die oberen Stockwerke bildende Stiegenhaus, ist die Wachtstube von dem sogenannten Kanonenhause getrennt.

Es ist dies ein weitläufiges und geräumiges Gewölbe, von sehr schöner Construction, welches von vier mächtigen Säulen getragen wird.

Im Ganzen sind es gegenwärtig zwölf Geschütze und zwei demontirte Rohre, die hier aufbewahrt sind. Die Geschichte ihrer Erwerbung ist nicht ohne Interesse für die Landwehr, weßhalb sie nach einem kurzen Rückblicke auf die früheren Verhältnisse der Artillerie in München mit wenigen Worten hier einen Platz finden möge.

Die Feuerwaffen vermochten nur langsam und allmählig jene Wurf- und Schleudergerüste, deren man sich sowohl bei Belagerung als Vertheidigung fester Plätze während des ganzen Mittelalters bedient hatte, zu verdrängen; denn trotz der umständlichen Behandlung, die sie erforderten, trafen sie, nach dem Zeugnisse der glaubwürdigsten Schriftsteller jener Zeit, ihr Ziel mit einer bewunderungswürdigen Regelmäßigkeit und Genauigkeit.

Selbst nach Einführung der Feuerwaffen blieben dieselben neben den Kanonen fast noch zwei Jahrhunderte lang in Gebrauch, und man darf deshalb annehmen, daß die letzteren entweder noch ziemlich unvollständig gewesen seien, oder daß die Wirkung der neuen Waffen um wenig bedeutender als die der alten gewesen sei.

Desungeachtet hatten die Feuerwaffen sich in kurzer Zeit fast überall und ziemlich gleichzeitig Eingang verschafft, und insbesondere waren es die Städte, welche sich schnell der neuen Erfindung bemächtigten.

Bei dem kriegerischen Charakter, den die Stadt München in jenen Zeiten angenommen, war es natürlich, daß auch sie mit der Einführung der neuen Geschütze nicht zurückblieb. Den Zeitpunkt jedoch genau zu bestimmen, wann die ersten Kanonen von der Stadt angeschafft wurden, ist sehr schwierig; aller Wahrscheinlichkeit nach geschah es im letzten Decenium des vierzehnten Jahrhunderts; denn das erstemal, wo der Münchener Artillerie erwähnt wird, ist das Jahr 1405 in der Fehde gegen den Schenken von Flügelsberg. Von diesem Zeitpunkte an sehen wir die Münchener überall mit Artillerie erscheinen, so bei dem Feldzuge von 1410, wo dieselbe von dem Büchsenmeister Ulrich befehligt wurde, ferner bei der Belagerung des Schlosses Schwaben, bei welcher Heerfahrt der Büchsenmeister Danz den Oberbefehl über die Kanonen und Kriegsmaschinen hatte. Bei der Belagerung von Friedberg wird eines großen Hauptstückes erwähnt, das den Namen: die Stächlerin bekommen hatte, sowie der Büchsenmeister Niclas und Konrad Läufft von Amberg. Daß bei der Schlacht von Alling von keiner Artillerie die Rede ist, gründet sich wohl auf die Thatsache, daß dieselbe noch zu unbeweglich und schwerfällig war, um für den eigentlichen Felddienst verwendet werden zu können, und daß man sich der großen Donnerbüchsen nur als Belagerungs- und Positionsgeschütze bediente.

Denn ein so großes Geschütz konnte nur mit der größten Umständlichkeit geladen werden, und durfte, weil sich das Rohr wegen der großen Quantität Pulvers, die man dazu gebrauchte, zu sehr erhitzte, täglich nur wenig Schüsse abgeben.

Wie man mit den Schleudergerüsten ungeheuere Lasten warf, ebenso schossen auch die Kanonen jener Zeit Steinkugeln von bedeutendem Gewichte. Als Mahomet II. im Jahre 1453 die Stadt Konstantinopel belagerte, nahm er einen sehr berühmten ungarischen Stückgießer, Namens Orban in seine Dienste. Dieser goß eine Bombarde, deren Seele einen Umfang von 10 Schuhen hatte, und welche eine Kugel von 1200 Pfund warf. Zum Fortschaffen derselben gebrauchte man 50 Paar Ochsen, und in dem Zeitraume von zwei Monaten, legte man nur einen Weg von 2 Tagreisen zurück. Indessen erzielte man keinen großen Erfolg damit, denn das Geschütz zersprang, wobei Orban selbst getödtet wurde.

Daß die Münchener ebenfalls sich sehr großer und schwerer Geschütze bedienten, ist schon aus dem Umstande erſichtlich, daß die Iſarbrücke unterſtützt werden mußte, als man mit der Artillerie dieſelbe paſſirte, um das Schloß Schwaben zu belagern. Welch' Caliber ſie aber hatten, iſt nicht bekannt. Einer genaueren Aufzeichnung begegnen wir in der zweiten Hälfte dieſes Jahrhunderts, als Stephan Rigauer das große Hauptſtück goß, welchem man den Namen: „Der Mönch" gegeben hatte. Man hatte nämlich den Gebrauch, den großen Schleudergerüſten einen beſonderen Namen (die Berner Waldtochter, der Eſel u. ſ. w. —) beizulegen, auch auf die großen Feuergeſchütze übertragen.

Bekannt ſind Beiſpiels halber: Die **Nürnberger Eule**, der **Burlebaus** und **Weckauf** des Kaiſer Max I., der **Bauer und Bäuerin** und die **Singerin** des Herzogs Albert und der wegen ſeiner Größe berühmte Ehrenbreitſteiner **Vogel Greif**, der beiläufig daſſelbe Caliber hatte wie unſer Mönch, indem die Seele deſſelben im Durchmeſſer 18″ maß, und derſelbe mit 94 Pfund Pulver eine Kugel von 188 Pfund ſchleuderte. Dieſer Gebrauch erhielt ſich bis gegen Ende des ſechzehnten Jahrhunderts, um welche Zeit die Bezeichnung nach dem Caliber in allgemeinen Gebrauch kam.

Genanntes Hauptſtück: **der Mönch** wog 9550 Pfund und ſchoß eine Steinkugel von einem und drei viertel Centner. Eine im hieſigen Zeughauſe befindliche alte Tafel, die gegenwärtig in der Zeugkammer, in Feld 15 vide: pag. 88 aufbewahrt wird, ſagt darüber Folgendes:

„Vor Jahren war an dieſem Ort ein großes Hauptſtück der „Mönch" genannt, welches am Gewicht 95 Centner 53 Pfund gehalten und über die 150 Jahr in gemeiner Stadt München Zeughaus geſtanden. Weil es aber in der Mitte keine Zapfen gehabt, ſondern auf 4 Rädern geſtanden und daher Ganz Unbrauchbar Geweſt, ſo hat mans anno 1633 im vorüber-Gegangenen Schwedischen Krieg zu Hauffen Geschlagen und hiefür Auf sonderbar Gnädigsten Befehl Sr. Churfürstlich Durchl. Hörzog Maximilian in Bayern ꝛc. unseres Gnädigsten Landesfürsten und Herrn Vier Ander Stück nämlich Drei Falconen und ein Quartier-Schlangen güßen laßen. Dieses obgemeldt Große Stuck hat eine Steinkugel regiert von 175 Pfund, wie denn es die hieneben liegende Kugl, und der Beigefügt Eiserne Ring, so die ächte Lehre dazu war mit mehreren zu erkennen Geben. Es ist Auf selben Auch folgender Reim und die Jahrzahl Gestanden nämlich Anno 1482:

    Der Münch hais Ich
    Aus meiner Kutten wirf ich,
    Vor Feuer und Stain hiet dich
    Stephan Riggau Goß mich.

Die Kugel ist nicht mehr vorhanden, nur die Kugellehre wird noch aufbewahrt — ein eiserner Ring der im Licht einen Durchmesser von 18″ hat.

Zu Anfang des darauf folgenden Jahrhunderts kam man von diesem schweren Caliber zurück. So schossen die im Jahre 1524 gegossenen „Adam und Eva" 76 Pfund; während „der Bauer und die Bäuerin", die Anno 1554 gegossen wurden, nur mehr 48 Pfund schossen.

Die Stadt München hatte stets ihre eigenen Büchsenmeister und Stückgießer. Am Ende des 15. Jahrhunderts war es der Meister Ulrich von der Rosen, der in besonderem Ansehen stand. In der Mitte des darauf folgenden (1551) Meister Sebastian Rosenkranz, der neben seinen Stücken auch für die Herzogin ein sehr kunstreiches Bild gegossen hatte. Nach ihm war (1568) Görg Putz, der Stadt Pixenmeister.

Mit dem größten Eifer betrieb die Stadt in dieser Zeit die Ausbildung und Vervollständigung ihres Artillerie-

Wesens, und es gelang ihr, dasselbe auf einen Stand zu bringen, der heute noch unser Staunen erregen muß.

Es wurde oben schon erwähnt, mit welch' imposanter Streitmacht — insbesondere Artillerie die Münchener bei der Ankunft Kaiser Max II. aufgezogen waren; und es dürfte heut' zu Tage wohl manches souveraine Fürstenthum zu finden sein, welches sich mit dem Kriegsapparate der damaligen Stadt München nicht messen könnte. Denn außer den 180 Stücken schweren Geschützes besaßen sie noch eine unzählbare Anzahl von Doppelhacken zur Vertheidigung der Mauern und Wälle.

Diese Doppelhacken waren kleinere eiserne Rohre, welche 6 bis 8 Loth schossen.

Man hätte glauben sollen, daß die Stadt München, im Besitze solcher Mittel, jedem Feinde die Stirne zu bieten im Stande gewesen wäre. Jedoch die Zeiten hatten sich geändert, und zwar schon nach dem kurzen Zeitraume von kaum 50 Jahren.

Der dreißigjährige Krieg war über Deutschland hereingebrochen und die schwedischen Heere wälzten sich nach der unglücklichen Schlacht bei Breitenfeld unaufhaltsam und Alles vor sich niederwerfend, herauf gegen die Gränzen unseres Vaterlandes. Am Lech sank Tilly, von der schwedischen Kugel tödtlich getroffen, der Churfürst selbst warf sich, nur für die eigene Rettung bedacht, mit den Resten seines Heeres in die festen Städte an der Donau und überließ seine getreue Hauptstadt hülflos ihrem eigenen Schicksale.

Aber in München waren nicht mehr die Männer zu finden von Ehedem, die Männer, welche Gut und Blut für ihren heimathlichen Heerd zum Opfer zu bringen bereit waren.

Der kriegerische Geist der ungestüm vor Friedberg die

Sturmfahne forderte, der begeisterte Muth, der auf den Schlachtfeldern von Ampfing und Alling die Helleparte und das Schlachtschwert schwang — dieser Muth war bereits aus den Herzen der Münchener gewichen, und das Selbst-Vertrauen in die eigene Kraft war erstorben und verschwunden.

Mit einem siegreichen Heere, so zahlreich wie die Stadt noch keines vor ihren Mauern gesehen, erschien der Schwedenkönig Gustav Adolph vor den Thoren der Stadt.

Verlassen von ihrem Landesfürsten, ohne Hoffnung auf irgend eine Hülfe und Unterstützung, lediglich sich selbst überlassen, glaubten die Väter der Stadt es nicht auf's Aeußerste ankommen lassen zu dürfen, und nur auf die eigene Rettung bedacht, beschlossen sie, dem Unwiderstehlichen die Schlüssel der Stadt zu Füßen zu legen und sich demselben auf Gnade und Ungnade zu übergeben.

In Folge dieser (wie oben schon erwähnt am 17. Mai 1632 erfolgten) Uebergabe wurde die Stadt entwaffnet, und abgesehen von der Contribution, die der König derselben auferlegte, für deren Sicherung er eine Anzahl von Geißeln mit sich fortnahm, im Ganzen glimpflich behandelt.

Nach ein und zwanzig tägigem Aufenthalte verließ er die Stadt wieder und nahm bei seinem Abzuge von den metallenen Geschützen nur diejenigen mit, die für ihn zweckdienlich erschienen, das heißt, diejenigen, die leicht zu transportiren waren; dafür ließ er 9 kleinere eiserne schwedische Stücke zurück, die in der Folge auf den beiden Frauenthürmen untergebracht und bei besonderen feierlichen Gelegenheiten abgebrannt wurden. Siehe: Seite 67.

Daß der Schwedenkönig nicht Alles, was er von metallenen Geschützen vorfand, mitnahm, beweist der Umstand, daß, als 60 Jahre später die Oesterreicher die Zeughäuser der Stadt München plünderten, dieselben eine Menge Geschütze mit fortführten, die zu Anfang des sechzehnten Jahrhunderts gegossen waren, die also selbstverständlich König Gustav stehen gelassen hatte.

Indessen auch die Drangsale des 30jährigen Krieges fanden ihr Ende; allein die Wunden, die er geschlagen, waren so tief, daß sie noch lange nicht vollständig vernarbt waren, als ein neues Unglück — der sogenannte spanische Erbfolgekrieg — unser Vaterland heimsuchte. Anfänglich schien dieser Krieg für den Churfürsten Max Emanuel einen glücklichen Verlauf nehmen zu wollen; allein durch die unglückliche Schlacht von Blindheim, wo derselbe total geschlagen wurde, verlor er Krone und Land und flüchtete sich nach den Niederlanden.

Die Oesterreicher nahmen Besitz von ganz Bayern und brachten es durch ihre harte und gewaltthätige Administration dahin, daß endlich das Landvolk überall zu den Waffen griff und jenen denkwürdigen Aufstand erregte, der noch in Aller Munde lebt, und der in den Schlachten von Aidenbach und Sendling und den Mord-Weihnachten von München sein Ziel fand.

Die Stadt München wurde — obgleich sie nicht dazu kam, thätigen Antheil zu nehmen, indem alle Anschläge vor der Zeit verrathen wurden — wegen Einverständnisses mit den Aufständischen auf's schonungsloseste entwaffnet und mißhandelt.

Man muß erstaunen, wenn man die Verzeichnisse der Geschütze liest, welche die Oesterreicher in jener Periode, die wohl eine der unglücklichsten war, die je über Bayern gekommen, hinwegnahmen.

Nur an metallenen größeren Stücken, als Karthaunen, Feld- und Quartierschlangen, Haubitzen u. s. w. betrug das Gewicht der aus München entführten Geschütze die Summe von 1166 Centner in runder Zahl. Unter den eisernen geraubten Stücken befanden sich vier, deren Läufe gezogen und an welchen Verstäubung und Schildzapfen von Messing waren. Welche von diesen Geschützen, landesherrlich, und welche Eigenthum der Stadtgemeinde waren, findet sich nicht ausgeschieden.

Der Friede zu Baden machte auch dieser jammervollen und trostlosen Zeit, wo der Churfürst Max Emanuel landesflüchtig, die Churfürstin mit den Kindern verbannt, wo Bayern von den Oesterreichern bis auf's Blut ausgesogen ward, und die Bewohner der Städte, wie des flachen Landes mit der empörendsten Kränkung und Verachtung behandelt wurden, ein Ende. Am 15. April 1715 kehrte Max Emanuel nach München zurück. Als er neun Jahre darauf das Zeitliche gesegnet, folgte ihm Karl Albert in der Regierung, der nach dem Ableben Karls VI. zum Kaiser erwählt wurde.

Da Karl Albert aber selbst mit Ansprüchen auf Oesterreich, Böhmen und Tirol hervortrat, entstanden neue Feindseligkeiten mit dem Wiener Hofe, die eine abermalige Besetzung Bayerns durch die Oesterreicher zur Folge hatten.

Die Zeughäuser von München wurden zum wiederholten Male ausgeleert und was von Geschützen vorhanden, abgeführt. Dies war in dem Zeitraume von etwas weniger mehr als hundert Jahren also die dritte Plünderung.

Im Verlaufe der Zeiten wurden zwar allerdings einige der von den Oesterreichern geraubten Stücke wieder zurückgebracht; denn als nach dem Feldzuge von 1805 die Stadt Wien von den Franzosen und Bayern besetzt wurde, requirirte Bayern dieselben und schickte sie nach München zurück.

Der Zufall wollte es, daß dieselben gerade an demselben Tage, am Feste des heiligen Stephanus, wieder hier eintrafen, an welchem sie vor hundert Jahren entführt worden waren.

Von historisch merkwürdigen Kanonen waren es namentlich folgende:

a) Zwei 11 Schuh 3 Zoll lange, mit der Umschrift: „Durchs Feuer bin ich geflossen, Friedrich Arnold von Fulba hat mich gossen „und" Maximilianus Dei gratia comes Palatinus Rheni utriusque Bavariae dux. S. R. J. Archidapifer et elector MDCXXX." schießt 18 Pfund.

b) Zwei 12 Schuh lang; Der Löwe und die Löwin: „Maximilian Dei gratia comes Palatinus Rheni utriusque Bavariae dux." Gegossen von Martin Frey in München schießt 48 Pfund.

c) Eine 13 Schuh lange, mit der Inschrift:
„Will. Niemand. Singen.
So. sing. aber. ich.
Zwer. Berg. u. Tal.
Hert. man. meinen. Schal."
MDXXXXIIII. schießt 18 Pfund.

d) Eine andere ebenfalls 13 Schuh lange:
„Forcht Gott sey wol bedacht,
und bedenk das End."
„Ludwig Herzog in Ober- und Unterbayern." Mit dem Bilde eines schlafenden Löwen und einem Spruchbande mit den Worten: „Weck mich nit awf." Gegossen von Hans Meisner in Landshut. schießt 18 Pfund.

e) Zwei Kanonen: Bauer und Bäuerin 12 Schuh lang. schießen 48 Pfund. „Albertus Dei Graci. comes Palatinus Rheni dux Superioris et Inferioris Bavariae." Die Eine mit folgender Inschrift:
„Der. Sebl. Bavr. Bin. Ich. Genannt.

   Dem. Herzog. Von. Bairen. Wol.
   Pekant. Mit. Meinem. Pflvog.
   Tuo. Ich. Umkeren. Diren. Vnb.
   Meir. Wamans. Sich. Dut. Weren."
 Die Andere:
   „Lieber. Bauer. Ich. Volg. Dir. Nach.
   Mit. Meiner. Egen. Ist. Mir. Gach.
   Was. Vor. Dir. Ist. Sten. blib. Das.
   Ich. Werfen. Nider. 1554."
 Gegoſſen von Leonhard Perringer in Landshut.

f) Zwei Kanonen 12 Schuh 4½ Zoll lang, Adam und Eva. Die Eine mit der Inſchrift:
   „Ich. Bin. Ein. Man. von. Raucher. Art.
   Und. Heis. Der. Scharf.
   Scher. Den. Part. Der. Geſelen.
   Die. Wider. Die. Pfalz. Den. Wellen."
 Die Andere:
   „Lieber. Man. Hab. Beſten Mut.
   Deinen. Scheren. Gut.
   Ich. wil. Dir. Helfen,
   Dirn. Und. Maier. Nider. Werfen."
 ſchießen beide 76 Pfund.
 „Sebold. Hiber. zu. Neuburg. hat. Mich. Goſen. Da. Man. Zält. 1524."
 auf dem Stoßboden:
 „Friedrich. v. Gottes. Gnaden. Pfalzgraf. Bey. Rhein. Herzog. B."

 Es waren im Ganzen 10 große Kanonen und 18 von kleinerem Caliber, die aber ſämmtlich vernagelt geweſen. Sie blieben bis zum 21. Januar 1806 in Haibhauſen ſtehen, an welchem Tage ſie mit großer Feierlichkeit in die Stadt gebracht wurden.

Trotz der mannigfachen und oft wiederholten Unglücks-
fälle und Beraubungen durch Feindes Hand ließ es sich die
Stadt immer wieder von neuem und unermüdlich zur Sorge
sein, die Verluste zu ersetzen und die entstandenen Lücken
und Schäden auszufüllen und gut zu machen.

So war es unter andern die Familie Schobing, welche
im vergangenen Jahrhundert der Stadt mehrere Bürgermeister gegeben hatte, die sich um die Wiederherstellung der
städtischen Artillerie sehr verdient machten, und welche auch
neue Stücke gießen ließen, die man deshalb die „Schobinger
Stückeln" hieß; — diese schossen eine Eisenkugel von 4 Pfund.
Ebenso hatte sich später der Bürgermeister Franz Karl von
Barth auf's Thätigste dieser Sache angenommen, der ebenfalls neue Stücke gießen ließ, von denen gegenwärtig noch
zwei, die drei Pfund schießen, vorhanden sind.

Auf diese Weise hatte sich gegen Ende des vorigen Jahrhunderts wieder eine Anzahl von 36 Kanonen im städtischen
Zeughause angesammelt. Sie waren jedoch von dem verschiedensten Caliber und sechs noch ungebohrt.

Freilich befanden sich welche darunter, die nicht mehr
diensttauglich waren, wie beispielshalber 4 Batterie-Stücke
von denen jedes 24 Loth Eisen schoß.

Ein altes Inventar vom Jahre 1798 sagt darüber:
„Diese vier Stücke sind ehemals von hinten mittels Schub-
teils zu laden gewesen, dann sind sie aber auf die sehr un-
geschickte Abänderung des ehemaligen Stabschlossers Berneckers
allerdings unbrauchbar gemacht worden."

Dieser Bernecker scheint, wie aus vorliegenden Acten
hervorgeht, überhaupt ein neuerungssüchtiger, streitlustiger
Mensch gewesen zu sein; er war Lieutenant bei der bürgerlichen Artillerie, und hat außer den oben genannten, noch

zwei weitere Geschütze durch übel angebrachte Construction total ruinirt.

Sicher würde es den Bemühungen solcher oben erwähnter patriotischer Männer wie Schobing u. Barth u. a., die sich der Bedeutung einer gut bewaffneten und in Waffen geübten Bürgerschaft wohl bewußt waren, gelungen sein, die Bürgerwehr und insbesondere die Artillerie wieder auf einen achtbaren Stand zu bringen, wenn nicht allmählig ein neuer Feind aufgetaucht wäre, der um so gefährlicher war, als er eigentlich nicht von außen gekommen, sondern langsam im Innern — zum Theil selbst aus dem Schooße der Bürgerschaft empor wuchs, und der mehr zerstörte als Schweden, Panduren und Croaten. Es war dies die immer mehr überhand nehmende Gleichgültigkeit gegen alle militärisch-bürgerlichen Einrichtungen, und in Folge derselben eine maßlose Geringschätzung derselben, und zwar nicht allein von Seite der Bürgerschaft, sondern auch von Seite der übrigen Stände.

Es läßt sich nicht läugnen, daß das ganze Institut der Bürgerwehr der Stadt München im Verlaufe der Zeit allmählig in gänzlichen Verfall gerathen war. Eine Hauptursache hievon lag wohl in dem Umstande, daß besagte Bürgerwehr seit langer Zeit lediglich nur mehr zu Aufzügen, Paraden und uniformirten Spielereien verwendet wurde und aller Ernst von derselben gewichen war, wozu die friedlichen Regierungen Max Joseph III. und Karl Theodors wohl nicht wenig beigetragen haben mögen.

So schleppte sich die Sache dahin, jahrelang, langsam, zwischen Leben und Sterben, bis endlich in Folge der französischen Revolution die Zeiten ernster zu werden begannen und man es sich nicht mehr verhehlen konnte, daß Ereignisse eintreten dürften, wo man einer tüchtigen Bürgerwehr bedürftig sein könnte. Man setzte deßhalb eine Commutativ-

Commission nieder mit der Aufgabe die vorhandenen Gebrechen dieses Institutes näher zu untersuchen, zu prüfen, und Vorschläge zur Abstellung der Mißbräuche vorzulegen. In dem Berichte dieser Commission vom 25. Mai 1798, den wir hier besonders in's Auge fassen wollen, heißt es nun unter Anderem wörtlich:

„Ist der alte Geist der Bürger von München gänzlich erstorben und lebt er nur mehr in einem dunklen Andenken vergangener Zeiten und einer eitelen Parabirung? Man sollte glauben, daß es ohnmöglich wäre, daß man auf dieses Recht, auf diese Bravour unserer Voreltern, ihre edle Thaten und weisen Anstalten gänzlich vergessen und dieses so kostbare und rühmlich aufgeführte Gebäude zerfallen sein könne, leider! ist es aber demungeachtet nicht anders, und zwar im ganzen Durchschnitte."

Weiter heißt es an einer andern Stelle:

„Fast alles Exercieren schweigt; der Stadthauptmann und Lieutnant schränken selbes jährlich auf 8 höchstens 12 Stunden ein, und da will ihnen die Mannschaft nicht einmal pariren."

An einer andern Stelle heißt es weiter: „An Offizieren fehlt es nicht, eher an Gemeinen."

Aus anderen älteren Akten ersieht man, mit welcher Hast man sich um Offiziersstellen bewarb, lediglich um die Uniform zu tragen, denn gleichzeitig mit der Erlangung der Offiziersstellen wußte man sich dienstfrei zu machen.

In jenem angeführten Berichte vom 25. Mai 1798 heißt es weiter von der Cavallerie-Mannschaft:

„Wenn sie die Trompete in Paraden zum Aufsitzen ruft, so steigt sie auf ihren Gaul, und mancher der da zu faul oder zu commode ist, läßt seinen Sohn oder seinen Hausknecht aufsitzen."

Nachdem weiter über die Vernachlässigung des Zeughauses und den gänzlichen Mangel brauchbarer Waffen gesprochen, fährt der Bericht fort:

„Lange saß Bayern und folglich auch München unter dem seligen Schatten des Friedens und der Ruhe. Die Weisheit der Fürsten zerstäubte alle drohenden Kriegsgewitterwolken, da keine Gefahr da war, so dachte man auch an keine, und der Geist der Vorfahren fing also an einzuschlummern; man vergaß auf die Waffen und Bewaffnungsrechte, und die selbst zu Anschaffung städtischer Armaturen bestimmten Einnahmen an Rüstgeld und dergleichen wußte sich die Stadtkammer zuzueignen; so blieb es bis gegenwärtig, wo wir nunmehr die Augen aufmachen, jedoch aber blos um den Verfall dieses so wichtigen Zweiges zu erblicken."

So eindringlich diese Commission auch gesprochen hatte, so vergingen doch noch neun Jahre bis endlich unter der Regierung des Königs Maximilian I. im Jahr 1807 die wirkliche Reorganisirung des Bürger-Militärs erfolgte. In Folge dieser Reorganisation wurde auch das Zeughaus sammt seinem Inhalte an die Oeconomie-Commission übergeben.

Bei dieser Uebergabe fand sich nun, daß von den im Jahre 1798 laut Inventar verzeichneten 36 metallenen und 79 eisernen Stücken nur mehr vier Stücke zweipfündige Kanonen vorhanden waren.

Auf allerhöchsten Befehl vom 22. October 1818 wurde darüber eine Untersuchung angeordnet, um zu ermitteln, wohin die anderen Artillerie-Stücke gekommen, ob sie von der

Comune veräußert, oder dem königlichen Militär überlassen worden seien. Diese Untersuchung ergab — laut Bericht vom 31. October 1818 — da man über diesen Handel nicht viel erfahren konnte oder wollte, kein genügendes Resultat. An das königliche Militär soll nichts übergeben worden sein. Das königliche Bürgermilitär war seit seiner neuen Organisation im Besitze von 6 Kanonen — vier davon waren die im Zeughause vorgefundenen, wie oben erwähnt wurde, und die zwei anderen waren Eigenthum des königlichen Kriegsministeriums, welches dieselben dem Bürgermilitär zum Gebrauch geliehen hatte, und mußten später zurückgestellt werden. Diese Stücke waren jedoch der Mehrzahl nach theils an Metall selbst, theils an den übrigen Theilen so schadhaft, daß die Mannschaft nur mit großer Mühe bewogen werden konnte, dieselben abzufeuern, worüber mehrfache Berichte vorliegen, und eine königliche Militärkommission unter dem königlichen Linien-Artillerie-Major Reichenbach vom 1. October 1810 sie ebenfalls als in sehr schlechtem Zustande und für höchst gefährlich erklärte. Bereits unterm 22. März 1813 stellte man deßhalb die dringendsten Berichte und Bitten an die königliche Regierung, die Erlaubniß zur Beschaffung 6 neuer Kanonen allergnädigst ertheilen zu wollen.

Der damalige Landwehroberst Alexander von Klöber betrieb die ganze Angelegenheit mit dem wärmsten Eifer und mit einer Energie, für welche wir ihm noch heute zu Dank verpflichtet sind; und obgleich die Hindernisse, die ihm allerorts in den Weg traten, nicht unerheblich waren, so war doch seine Hingebung für das Interesse der Bürgerwehr so groß, daß er sie alle überwand, aber dafür seine Bestrebungen endlich auch mit dem besten Erfolge gekrönt sah. Denn am 2. Mai 1819 erfolgte endlich die allerhöchste Genehmigung zur Beschaffung von 6 neuen Kanonen, und zugleich die

Weisung an die königliche Haupt-Zeughaus-Direction das Geeignete in Bezug auf die Anfertigung derselben zu verfügen.

Der damalige Director der Akademie der bildenden Künste Peter von Langer verfertigte unentgeltlich die Zeichnungen zu den auf den Läufen anzubringenden Basreliefs, welche die allegorischen Figuren der Eintracht, der Wachsamkeit, der Vaterlandsliebe, der Ehre, der Treue und der Tapferkeit vorstellen.

Die Kosten zur Herstellung dieser sechs Stücke betrugen Alles in Allem die Summe von 9336 fl. und 44 Kreuzer.

Dem Obersten Alexander von Klöber, welcher, wie oben erwähnt, in der ganzen Sache die rastloseste Thätigkeit und einen unermüdlichen Eifer entwickelte, gelang es, mehrere für diese Angelegenheit, die man mit Recht als eine wahrhaft nationale betrachtete, begeisterte Bürger dahin zu vermögen, daß dieselben, Jeder nach seinem Metier und Berufe sich insofern werkthätig dabei betheiligen, daß sie entweder ihre Arbeit gar nicht, oder zu geringen Preisen berechneten — oder aber unentgeltlich Material dazu lieferten.

Der Betrag dieser freiwilligen Leistungen berechnete sich im geringsten Anschlage auf die Summe von 1358 fl. und 4 kr., so daß statt der oben angeführten 9336 fl. 44 kr. die Landwehr nur 7978 fl. 40 kr. wirklich zu verausgaben hatte.

In diesem ganzen Vorgehen erkennen wir wieder etwas von dem alten Geiste der Münchener, und da diese edlen Bürger lediglich von reiner uneigennütziger Vaterlandsliebe und zunächst von dem patriotischen Gedanken geleitet wurden, ihren dereinstigen Nachkommen ein würdiges Denkmal ihres Bürgersinnes zu hinterlassen, so dürfte es unsererseits nur als eine Pflicht der Dankbarkeit erscheinen, wenn wir Sorge tragen, daß ihre Namen nicht der Ver=

gessenheit anheimfallen, weßhalb dieselben hier in alphabetischer Ordnung folgen:
Baxleitner, Johann, Nagelschmiedmeister.
Berneder, Michel, Sattlermeister.
Bernhard, Innozenz, Wagnermeister.
Besenbacher, Mathias, Kistlermeister.
Bicking, Bernhard, Sattlermeister.
Bino, Jakob, Nagelschmiedmeister.
Birner, Peter, Schäfflermeister.
Block, Johann, Lederhändler.
Bruder, Xaver, Schlossermeister.
Brugger, Peter, Tischlermeister.
Büttchen, Heinrich, Schlossermeister.
Daxenberger, Mathias, Kupferschmiedmeister.
Dehrer, Johann Nep., Maler.
Drienbl, N., Geschmeidwaarenhändler.
Eder, Michel, Maler.
Erhard, Joseph, Sattlermeister.
Faist, Clement, Sattlermeister.
Fischer, Mathias, Schlossermeister.
Forstinger, Joseph, Seilermeister.
Futscher, Martin, Sattlermeister.
Gansbeck, Karl, Bürstenmacher.
Geiger, Johann, Schlossermeister.
Gloner, Franz, Eisenhändler.
Grunewald, Carl, Wagnermeister.
Grundner, Heinrich, Wagenfabrikant.
Haller, Paul, Schlossermeister.
Hasfurter, Johann, Wagnermeister.
Heckel, Adam, Sattlermeister.
Herold, Michel, Nagelschmiedmeister.
Herrle, Jakob, Tapezierer.

Herrmann, Georg, Schäfflermeister.
Herrmann, Johann, Hufschmiedmeister.
Hirschbold, Andreas, Hufschmiedmeister.
Hochenleutner, Georg, Maler.
Hofer, Franz, Handelsmann.
Hofer, Mich., Geschmeidwaarenhändler.
Holl, Wolfgang, Nagelschmiedmeister.
Hutter, Alois, Eisenhändler.
Hutter, Ignaz, Sattlermeister.
Jordan, Johann, Schlossermeister.
Karlinger, Alois, Seilermeister.
Klostermaier, Joh., Hufschmiedmeister.
Kölbel, Alois, Schlossermeister.
Kölbel, Simon, Schlossermeister.
Kopetz, Gottfried, Hufschmiedmeister.
Kraft, Heinrich, Lederhändler.
Kraus, Franz, Augsburger Bote.
Krinner, Joseph, Eisenhändler.
Krinner, Peter, Eisenhändler.
Kofner, Anton, Schäfflermeister.
Lautensperger, Georg, Hofwagner.
Lembacher, Mathias, Hufschmiedmeister.
Lenhard, Johann, Riemermeister.
Lindauer, Gregor, Hammerschmiedbesitzer
Lutz, Ferdinand, Riemermeister.
Mais, Joseph, Seilermeister.
Mayr, Xaver, Schäfflermeister.
Mayrhofer, Jakob, Schäfflermeister.
Müller, Sigmund, Geschmeidmacher.
Neher, Joseph, Maler.
Neururer, Johann, Lackirer.
Nuß, Kaspar, Schlossermeister.

Riedl, Jakob, Schlossermeister.
Riedlmüller, Clement, Schäfflermeister.
Ritter, Alois, Kistlermeister.
Ritter, Johann, Kistlermeister.
Rombach, Joseph, Schlossermeister.
Roth, N., Wagenfabrikant.
Schauer, Xaver, Kistlermeister.
Schmid, Anton, Schäfflermeister.
Schmid, Joseph, Hufschmiedmeister.
Schneid, Joseph, Hufschmiedmeister.
Schörg, Christian, Schlossermeister.
Schörg, Franz, Schlossermeister.
Schußmann, Joseph, Lederhändler.
Schwaiger, Andreas, Seilermeister.
Schwaiger, Xaver, Seilermeister.
Schweinitzhaupt, Xaver, Geschmeidmacher.
Schweisgut, Jakob, Wagnermeister.
Sedlmehr, Andreas, Feilenhauer.
Seibel, Valentin, Wagnermeister.
Sermin, Joseph, Sattlermeister.
Siedeck, Ignaz, Spänglermeister.
Sopp, Xaver, Seilermeister.
Specht, Simpert, Augsburger Bote.
Stark, Jakob, Geschmeidmacher.
Streicher, Sebastian, Lederfabrikant.
Trieb, Franz, Kistlermeister.
Weinhard, Martin, Schlossermeister.
Werther, Johann, Hufschmiedmeister.
Wimmer, Mathias, Gürtlermeister.
Wirth, Georg, Schäfflermeister,.
Zimmermann, Franz, Riemermeister.
Zöpf, Joseph, Nagelschmiedmeister.'

Zuel, Ludwig, Maler.
Zwegerl, Balthasar, Taschnermeister.

Den Beschluß machte der Buchbindermeister Baptist Freidtmaier, welcher, da er vermöge seines Gewerbes nicht unmittelbar in der Sache etwas thun konnte, um seinen guten Willen zu zeigen und seinem patriotischen Gefühle zu genügen, schließlich, die durch diese Angelegenheit erlaufenen Akten und Rechnungen in einen stattlichen Band von rothem Safianleder unentgeldlich gebunden hat.

Die Münchener Bürgerwehr war demnach wieder im Besitze von zehn Kanonen; denn auch die vier älteren (Barthischen) wurden wieder in diensttauglichen Stand gesetzt.

Um nun bei vorkommenden Ausrückungen mit zwei ganzen Batterien erscheinen zu können, beantragte man eine weitere Vermehrung um zwei Piecen von dem Caliber wie die genannten Barthischen; man wandte sich deshalb an den Magistrat mit der Bitte um Ueberlassung desjenigen Metalls, welches von dem Gusse des Denkmals für den höchstseligen König Max I. übrig geblieben war, wozu der Magistrat um so mehr geneigt sein dürfte, als derselbe nachweislich in den Jahren 1803 und 1805, die damals vorhandenen Metallgeschütze aus dem bürgerlichen Zeughause entnommen und für die städtischen Brunnhäuser verwendet hatte. Mit großer Bereitwilligkeit stellte der Magistrat, den Wünschen von Seite des Landwehr-Commando's entsprechend, das erforderliche Metall unentgeltlich zum Zwecke des Gusses dieser 2 neuen Kanonen zur Verfügung.

Herr Mechanikus Traugott von Ertl übernahm hierauf den Guß und die Bohrung dieser beiden Geschütze, an welchen auf den Friesen des Stoßbodens nachfolgende Umschrift angebracht wurde:

„Unter dem Commando des königlichen Kreis-Commandanten Seiner Hoheit des Herrn Herzogs Maximilian in Bayern, gegossen von Ertl in München 1835."

Im Verlaufe der Zeit erwiesen sich jedoch diese kleinen leichten Kanonen für den Dienst als im höchsten Grade unpraktisch und nicht mehr zeitgemäß. Der derzeitige Abtheilungs-Commandant und Major der Artillerie Herr P. Rasp machte deshalb die eindringlichsten Vorstellungen, und man beschloß, nachdem man dieselben vollkommen begründet gefunden, die sechs kleinen Kanonen sofort außer Gebrauch zu setzen und an ihrer Statt — 6 neue Zwölf-Pfünder anzuschaffen.

Nachdem die allerhöchste Genehmigung hiezu ertheilt war, wandte man sich an die königliche Hauptzeughausdirection, welche auf das zuvorkommendste nicht nur den Guß und Bohrung, sondern auch die vollständige Montirung dieser neuen Geschütze zu übernehmen die Güte hatte.

Auf den Rohren wurden die Namen Seiner Majestät des Königs Ludwig II., des höchstseligen Königs Max II. und Seiner Majestät des Königs Ludwig I., sowie der Prinzen Luitpold, Adalbert und Carl, Königliche Hoheiten, in wenig erhabener Schrift angebracht.

Am 18. December 1865 wurden dieselben an eine Commission, bestehend aus dem Vorstande der königlichen Landwehr-Oberökonomie-Commission, dem Commandanten der Artillerie-Abtheilung und zwei weiteren Offizieren in vollkommen felddiensttauglichem Zustande mit allem Zugehör übergeben und auf das städtische Zeughaus gebracht.

Von den kleinen Drei-Pfündern, wurden zwei im Verlaufe des Sommers 1865 an die Stadt Rosenheim verkauft und die übrigen vier, um Platz für die neuen zu gewinnen, demontirt.

Haben wir bei Gelegenheit der Anschaffung dieser sechs neuen Zwölf-Pfünder Kanonen — auch keine Anzahl patriotischer, uneigennütziger Mitbürger, wie bei der Herstellung der Sechs-Pfünder vor 44 Jahren zu verzeichnen, so dürfen wir uns andererseits mit dem Gedanken trösten, daß diesmal die Landwehr-Oberökonomie-Commission im Stande war, diese bedeutende Ausgabe aus eigenen Mitteln bestreiten zu können, ohne irgend eine anderweitige Hülfe in Anspruch nehmen zu müssen.

Die Wehrkraft der Münchener Bürger ist durch die Anschaffung dieser neuen Batterie allerdings bedeutend verstärkt worden, allein wir wollen zu Gott hoffen, daß sie nie in den Fall komme, davon einen ernstlichen Gebrauch machen zu müssen, und der Verfasser schließt deshalb mit dem aufrichtigen Wunsche, daß der Donner dieser neuen Kanonen, seinen lieben Mitbürgern niemals die Schrecken des Kriegs und die Nähe des Feindes, sondern stets nur die freudigsten Ereignisse verkünden möge.